国語授業における「深い学び」を考える
—授業者からの提案—

(主体的)(対話的で)

全国国語授業研究会
筑波大学附属小学校国語研究部 編著

東洋館出版社

まえがき

　平成29年3月に告示された学習指導要領は，新しい時代を生きる子どもの資質・能力の育成を柱としている。学習指導要領に示された資質・能力とはすなわち，「知識及び技能」「思考力，判断力，表現力等」「学びに向かう力，人間性等」である。この資質・能力の育成のために，「主体的・対話的で深い学び」の実現が求められている。

　ここに掲げた文言は，幼小中の発達段階すべてに共通してそれぞれの教育要領や学習指導要領に明記されているものである。

　本書は，小学校の国語科授業において，「深い学び」実現のために何が必要か，今までの授業と何が変わるのか，などについての現場教師による論考集である。

　日々子どもと接し，子どもの前に立ち，子どもに力をつけているのは，紛れもない一人ひとりの教師である。現場の教師の目線で学習指導要領をとらえ，授業として具現化するために，考えるべきポイントが本書に掲げられている。

　「深い学び」を成立させるための考え方は一つではない。多様な視点でとらえることで，具現化へのヒントとなり得るはずだ。

　時代は動いている。教育も常に動いている。子どものために教師ができることは，よりよい授業づくりをめざした試行錯誤であろう。本書がその一助となれば幸いである。

平成29年夏
全国国語授業研究会会長　青木伸生

Contents
国語授業における「深い学び」を考える

まえがき ·· 1

Ⅰ章　座談会 ··· 5
　　　―「深い学び」が目指すこれからの授業像―

Ⅱ章　「深い学び」を生む国語授業づくり ············· 39

1　対話・交流と相互評価で「深い学び」の実現を！ ········ 40

2　読みの授業で深い学びをつくる ············· 46

3　「読むこと」における「深い学び」を実現する発問と
　　交流の在り方 ··· 52

4　「深い学び」の要素　ファシリテーターとしての教師 ······· 58

5 「深い学び」へ向かうための「発問」とは？
　「参加」から「活躍」への道筋をつける教師の役割 ……… 64

6 「見方・考え方」の変容による学びの深化 ……… 70

7 国語科の深い学びについて考える
　―本時は，言葉による見方・考え方が働いたか― ……… 76

8 「深い学び」が生まれるための「交流」活動 ……… 82

9 発問と交流の工夫で生まれる深い学び ……… 88

10 「深い学び」は総合的で創造的な学び ……… 94

11 五つの言語活動で「深い学び」の具体を創出する ………100

12 物語の「自力読み」の学習過程と，「深い学び」の実現 ………106

13 子どもの思考を「深い学び」に誘う系統指導 ………112

14 〈読み方〉の系統性を意識した単元構想 ……………118

15 文学の深い学びを支える国語授業のファシリテーション力
　—〈マイナス・プラス読み〉で物語文を読む ……………124

16 「主体的・対話的で深い学び」の実現に向けた
　三つのキーワード ……………130

執筆者一覧 ……………136

Ⅰ章
座談会
― 「深い学び」が目指すこれからの授業像 ―

桂 今年の全国国語授業研究大会のテーマは「国語授業における『深い学び』とは何か―新学習指導要領が目指すもの―」としています。

　そこで，そもそも深い学びというのはどういうことなのか。実際，新学習指導要領の改訂に携わられた奈須先生に，理論的な背景とか，確かなところをお話しいただいたうえで，私たちは国語の授業者として，どういうことが深い学びとして考えられるのか，どういう授業を目指していくのかということを明らかにしたいと思い，本日集まっていただきました。

一「主体的・対話的で深い学び」とは

奈須　まず，主体的・対話的で深い学びという表現の前に言っていた，アクティブ・ラーニングについてお話しします。

　アクティブ・ラーニングという言葉はもともと大学教育とか高等教育から出た言葉なので，当初からあまり最適ではないという意見もあり，議論のなかで，その内実を初等，中等教育に合うようにはっきりさせていこうということがありました。最終的にはアクティブ・ラーニングの視点というかたちにして，主体的・対話的な深い学びという言葉になりました。

　中教審の答申レベルでは，アクティブ・ラーニングという言葉はまだ視点ということで使っていますが，もちろん告示には使わないと。それはもう主体的・対話的で深い学びと再定義がなされたからで，別にアクティブというのを引っ込めたわけでも何でもない。より発展的に初等，中等教育に合うように再定義されたのです。

　主体的ということは，学習の主体である子どもが意味を感じて，学習活動に能動的にとか，積極的にとか，自分をかかわらせて学ぶということですが，さらに今回言われているのは，学びの意義とか，学んでよかったなとか，自分は今後もこういうふうな角度で学びにかかわっていこうとか，そういうことです。学びに向かう力と言っているものです。

　そのことを主体的にということに割と込めている部分があります。だから，現場の感覚としては，子どもが授業に積極的にとか，能動的にとか，元気にと

か，そういうイメージがどうしてもあるのですが，それだけではなくて，そういうふうに学んでよかったなと思えたかどうかも大事なのです。それはどんな学びであって，それは自分にとってどういう意味があって，今後もどんなふうにしていきたいと。もっと長期的で安定的な学びに向かう態度とか，意志という言い方を今回はしています。WILL という言い方ですね。意欲ではなく，学びに向かう意志という言い方をしています。おもしろい

奈須正裕

からがんばるとか，意欲的に取り組むだけではなくて，もっと意識的で自覚的な制御のもとに学習という活動を今後もやり続けていくという子どもに育てたいと。そういうことが主体的という言葉に込められているのだと思います。

そのために，学んできたことがどんなことだったのかを振り返って，そのよさを実感して，自分ならではの学びに対する角度を見いだすと。キャリアとのかかわりという言い方が主体的に出てくるのはそういう意味です。例えば，今回は国語で，算数でこういうことを勉強したと。それが自分の将来にどうつながっていくかとか，あるいはこの教科で学んだことにヒントを得て，触発されて，自分はこんなふうに歩んでいきたいと。長期的なキャリアということですが，当座の目的意識とか，自分の学びにとっての意味ということを，小学校は小学校なりに，子どもが形成できるように教師が支えたいという話です。

だから，「めあて」「振り返り」というのを，形式的に「1時間，これが学べてよかったね」という確認ではなくて，学ぶという営みが一人一人の子どもにとってどういう意味があるのかということを深く実感させて，そのよさにもとづいて毎日生きていこうと伝えていくという，結構大きな話でもあります。

「意志」という言い方は根性とかそういう話ではなく，これはアメリカの研究でもあるのですが，人間の意欲というものは感情状態というよりも認知的で言語的な意識による行動調整だという感覚があって，もっとスキルフルなもの

だということです。それは根性でやるのではなくて、意志をもって、それにもとづいて行動が調整できるような認知的な技能です。

　つまり、学習するということは計画を立てて、準備をして、見通しをもってやることで、それが本当にうまくいったかどうかを振り返る、メタ認知みたいなことも含めて、自分で学び続けていける子どもになってほしいわけです。意志の作用と、その意志を実際の学習行動にいかす制御のスキルの両方が大切です。それを育成するためには、授業自身を子どもが目的をもって判断して、意志決定しながら、あるいは自分の学習過程をモニターしながら進められるものとする。だから、子どもが主体となると同時に、一人一人が個性的に動き、その教科の学びの本質に行くように教師が上手に導いてあげるということの両方が必要なのです。ただ放任するとか、子どもに任せるといった話では全くないと同時に、今、何を何のためにやっているかという見通しをもって学べるような授業過程にしたい。

　次の対話的というのは、もちろん日本の授業はもともと対話的なのですが、活動としての対話とか、形態としての対話ということはもちろんありますが、それ以上に知識観が変わってきたという話があります。

　知識は本の中にあって、それを子どもたちが学び取る。学び取るといっても知識とのかかわりの中で子どもが知識を再構成するわけですが、ある知識を一人の子どもがかかわって再構成するだけではなくて、それぞれの子どもがもっているいろいろな知識とか、イメージとか、考え方とか、感情とか、そういうものをお互いに出し合うことで、より納得のいく知識を、よりよいものにつくり続けていくという考え方があると思います。つまり知識観が変わるのです。

　従来の知識観は、本や教師がもっている知識を子どもが理解して、納得して、自分のものにするということだったように思います。今後はさらに、子どもたちがそれぞれにもっているものを出し合うことによって、よりよい知識をその場でつくり続けていく。大げさに言えば、教師もそこに新たな発見をするとか、問い直しをしながら、教師も含めてみんなで知識をよりよいものにしていくと。だから、終わりがないという感じがします。

教師は，例えばこの作品はこんなふうに解釈するというのをもちろんもっているし，もっているべきです。でも，子どもがそれを乗り越えることもあって，国語はそれがよくあると思いますので，そういうことを当たり前として授業をするということです。

　それは見通しをもたないとか，「めあて」をもたないとか，教材研究がいい加減でいいという話ではなくて，対話の中で社会的に構成される，知識が社会的に構成されるという考え方です。すでにだれかが追究して生成した知識を，子どもたちがユーザーとして，あるいは消費者として受け取るだけではなくて，人類が知識をよりよいものにしていこうという営みがずっと何千年も何万年もやられていて，それで学問ができて，科学ができて，社会ができているわけで，そこに参画していくという感覚です。大げさに言えば，知識をよりよいものにしていくという社会全体で行われている実践に，子どもも子どもなりに参画していくということです。そういう経験をさせたいと。そこでは，かなり知識観とか学ぶという概念が変わるというイメージがあると思います。

　一つには，社会全体が正解のない世界に突入していて，唯一絶対の正解があって，それを教わって身に付けていければいいという時代ではないし，知識自体がどんどん再構成されていくことが当たり前になってきているので，だったら，もともとそこから出発してしまった方がいいのではないかという発想があります。

　実は，日本の授業は割とそういうことをしてきていて，特に国語はそうです。ただ，知識観が変わるという自覚をもつ，これまであまり意識しなかったことを明晰に意識することで，さらに授業はダイナミックでおもしろいものになるのかなと思います。もっと教師を乗り越える子どもの姿がいろいろなところに出てきて，たぶん教師にとっても楽しい授業ができるのかなと思います。ただ，それがあまり無茶苦茶になってはいけなくて，そこにどうやって教師の意図性や指導性，カリキュラムの系統性や組織性ということを担保しながらやるのかが大事だと思います。

　なにより「深い」というのが大切です。皆さんは「深い」が一番わからない

と言いますが，実は今申し上げた主体的・対話的というのも，多くの方は活動や形態で考えているからわかったと言っているだけで，間違っていることがあります。「深い」は逆に言うと一番シンプルで，要するに意味的な処理になれば深いと。意味が発生すれば，それは深いのだと。

　意味が発生するというのはどういうことかというと，どういう形でもいいから子どもがもっている知識や経験と，今日学んでいることの間に関連が見えるという話です。意味的に関係づいてくるということ。それを，意味処理が深いと考えるのです。つまり，子どもからすれば見聞きしたり，経験したりして，すでにそこそこ知っていることと，今日のことがつながってくると，「あっ，それね」と当たりがつく。「わかった」というのはそれなんです。わかったというのは，子どもがすでにもっている知識と今日学んでいることが何らかの形で合致するとか，符合するという話で，意味が発生するというのは素朴にそういうことだと考えます。したがって，深い学びというのはいろいろな意味で知識が関連づいてネットワーク化するとか，構造化するとかいうことだと素朴に考えればいいと思います。

　「関連づく」というのは，一つは，子どもたちは，入学したときから，つまり教師が授業で教える前からインフォーマルな知識とか，素朴概念という知識を膨大にもっています。国語などは特にそうです。子どもはいろいろな言葉をもっているし，言葉の意味に対して理解ももっているし，言葉と言葉の関係に対する予測とか経験も膨大にもっています。あるいは言葉と指示対象の関係，いろいろなできごととの関係とかを膨大にもっているわけです。算数などもそうです。すでに1対1対応とか，足し算とかは4歳ぐらいでできているし，いろいろな図形の弁別とかについてもかなりの知識や経験をもっています。理科や社会科もそうですし，道徳にしても，もちろん図工や音楽に関する知識も膨大にもっているのです。

　そういった，彼らが学校に入る前からもっているとか，学校の外で身に付けているとか，見聞きしているとか，まだ曖昧で雑然として整理もされていない知識があって，それが学校の勉強に結びついてくる。教科の授業とは，それら

を系統立てて，順序立てていく営みで，いくつかの柱ごとに，これまでばらばらと学んだり見聞きしたことが位置づき構造化してくるのが関連づけということです。それは子どもたちが学校の勉強がわかると同時に，これまでくらしてきたことの意味がわかるということです。

つまり，これまで生活のなかでばらばらと得てきた知識が教科の系統のなかにそれぞれ統合化され，より整理されてきて，世界が見やすくなってくるということです。

二つ目は，教科の勉強としてやってきたもの同士が結びついてくるということです。これは大事で，国語などでいえば，前の単元で勉強したことと次の単元で勉強したことが発展的にということもあるし，あるいは領域を超えてということもあります。それはいわゆる教科の系統という話ではすごく大事だと思います。もちろんこれまでもそのような取組はあったと思うのですが，もっと意識的に，構造的に進めていこうという話です。例えば国語科でいえば，読むということと書くということが，もっと本当は対応づいていいはずです。

あるいは，教科を超えてということもあります。いろいろな教科を超えて知識が関連づいてくるという話も当然あります。そういうことをしていると，まず一つの教科のなかで実は似たようなことを繰り返しやっていることに子どもが気付いてくるし，似たようなことをやっているうえに，なぜこの教科ではこういう似たようなことをやるのかということが，その教科の特性とか，教科の見方・考え方とか，教科の本質に当然なってくるはずです。そういうことに子どもが気付く。また，気付くように先生方が授業を構成する。これはカリキュラムの問題にもなってきます。カリキュラムとして構成していくということですね。

私自身がこのところ個人的に主張していることは，そういったことを子どもが学び取ることに任せていくと，なかなか学べないので，もっと明示的にはっきりと指し示して教えるということです。それが今回の教材ではこういうふうに表れているでしょうと確認してもいいし，場合によっては同じ言葉を繰り返し使ってもいいと思っています。

教科の言葉というのがあります。教科ごとのキーワードです。その教科で繰り返し出てきて，それによってその教科の見方・考え方を子どもがとらえ，学びを進めるのに有効な言葉です。それは教科ごとに系統的にきちんと整理して，どの学年でどう入れて，それを次にどう使って，どう発展させて，どこの領域に結びつけてみたいな構造が見えてきて，それが子どもにも見えたり，わかったり，使えるように指導するという系統的な指導が，非常に大切であり有効ではないかと思っています。

　そういうことを言っていると，すごくガチガチ教え込むみたいに言われるのですが，そういうことはなくて，つまり子どもがその教科を学ぶうえでカギになる概念，本質的な問いとか，永続的な理解とか，ビッグアイデアと呼んできたものですが，それらをはっきり伝えて，それを使わせて次の学びをすることによって，子どもは当たりがつき，自分はこうしたいというめあてをもって学ぶことができるので，子どもにとっても結局は主体的になる。武器がないと学べないので，それをきちんと与えるのは大事かなと思っています。

　そういうことを繰り返すなかで，この教科ではこれが本質的に大事なんだとか，この教科はこの着眼点とかポイントを押さえておけば，概ねできるんだとか，そういうことが見えてくる。その意味で，教科のなかにはいつも繰り返して現れてくる共通性と，領域によってとか，単元によってとか，教材によって様々に変化してくる独自性がありますよね。その共通性と独自性の両方に子どもが気付いて，またいろいろな学びを共通性と独自性という視点で見ようとする構えをつくることで，生涯自分で学んでいける，いわゆる自立した学習者になっていくみたいなイメージはあります。

　そう考えると，「深い学び」というのは実は一番シンプルで，要するに関連づければいいということです。この教科はこういうことをやるという見通しがもてるようになること，それがとても大事かなと思っています。

　子どもが学ぶという営みとか，知識というものの概念や，見方・考え方をそうやってとらえ，教師がもっと自覚的にやって，戦略的に授業が展開できるようになることを期待しています。

白坂 ということは，新しい学習指導要領で，国語というところに置き換えて考えると，かなり教科内容が明示化されていくととらえるのですか。ここで指導していくというか，ここで学ぶことというのは，今までよりかなり明確化されると。

奈須 僕は明確化されるといいなと思っています。私は国語の学習指導要領には直接関係していないのですが，僕らが外側から見ていて，国語の大きな問題は学習内容がはっきりしなさ過ぎたということだと思います。それはもちろんいろいろな国語の歴史的な経緯とか，いろいろな考え方もあると思うのですが，いい読みの経験を繰り返していけば読解力が付くというのはあまりにも楽観的過ぎて，経験を積み上げていくなかで，その経験が何であったかという意味が，ある程度帰納され，抽象化され，概念化され，道具化しないと，実は読解に限らずですが，学力にならないと僕らは思っています。それでは活用のきく学力にならないと思うわけです。

そのときにいい経験を繰り返しても，その経験の意味を概念化できる子どもとできない子どもがいて，これは国語だけではなくて，算数でも，理科でも，社会科でもそうで，どういうわけだかそれができる子どもはその教科が得意になるのです。なぜなら，概念化が進むと，その教科の学びを俯瞰的に見通せますし，するとその教科の本質が把握できるからです。

現状では，自力で概念化できる子どもと，できない子がいるわけですが，これを偶然に委ねて放置しておくのは，とてももったいないと思っています。子どもたちは偶然に左右されて，特定の教科が得意になったり苦手になったりしているのです。どの教科でもみんなができるようにしてあげればいいじゃないかと思っています。そのためには国語に限らず，その教科で何を教えるかではなくて，その教える内容を貫いている軸それ自体を子どもにもそれとわかるように，明示的に指導することが大切です。

一目標に示された「日常生活」

二瓶 新学習指導要領の教科目標ですが，「日常生活に必要な」として，日常

二瓶弘行

生活が目標に明示されているんですよね。前回はありませんでした。これはつまり，教室での学びを，子どもたちにとって，教室を離れて，日常生活にも生きて働くような力を学んでいる自覚にもとづいた学びとして，いかに成立させるか。もっと言うと，これから先，将来的に自分の今学んだことが生きて働くという自覚。日常生活とのかかわりと国語授業。そのあたりがとても重視されているような受け取りをしているのですが，その辺はいかがでしょうか。

青山 そこは中学校になると「社会生活」に変わるんですよね。

奈須 そうですね。教科は原則的に学問，科学，芸術を足場にしていると思うのですが，つまり文化遺産を学ぶということの意味をどこに求めるかという話でしょう。ここで，生活とのかかわりそれ自体は重要な視点ではあると思うのですが，日常生活という言葉は気を付けないといけないと思っていて，これが体系とか，教科が教科であることをぐずぐずにしてしまってはいけないと思うわけです。つまりそこが危ないのです。

日常生活という言葉は諸刃の剣で，私自身は教科というのは非日常的だから意味があると思っていて，これはずっと以前から主張していることです。教科というのは日常の中にある事物現象を非日常的な見方で見るからおもしろい。理科が典型で，理科は日常的世界にある事物現象をおよそ非日常的に見るわけですよ。日常生活ではどうしたって太陽が動いているように見えるわけで，そこを地球が動いていると発想するわけです。それは科学的には正しいんだけれど，極めて非日常的というか，非常識的な見方ともいえます。それをできるようにするのが理科なんですね。

国語でもそうで，説明文を区切って読むということは日常生活ではしないわけです。だいたいの意味が取れればいいですから。それを文体とか，語り手と

か，構造に注目しながら読むというのは，少し見方を変えれば，日常触れているものの奥に，そんな深みがあることを知ることです。

そして，同じ命題的意味や情報を伝えるにも，文体とか，構造とか，語り口とか，レトリックとかを工夫することによって，趣が変わるとか，筆者ならではのものが醸し出せるという世界を知ることによって，そういう世界に子どもが惹きつけられていくというか，そういう世界に憧れをもって，そういうことができるようになりたい，あるいはそれを発揮したいときに，できるようになるだけの力を，今勉強してつけたいと子どもは思うようになる。子どもとは本来そういう存在であると信じたい。

つまり日常生活に生きるからといって，そこを日常の，本当に町のくらしに引きずり降ろしてはいけないというか，町のくらしをするのに困らない程度に身に付ければいいと思ってはいけないと思っています。むしろ教科を勉強することによって，日常のものに対して，その奥にそんな奥深い世界とか，すてきな世界とか，格調のある世界があることを知って，その方向に日常生活をむしろ変化させていくとか，洗練させていくとか，自分なりにつくりあげていくとか，そういう意味で日常生活をとらえていかないとぐずぐずになってしまいます。

二瓶 平成28年12月に出された中教審の答申に，「主体的な学びの実現に向けて」という項目があり，この中に「子どもたちの学ぶ意欲が高まるよう，実社会や実生活との関わりを重視した学習課題として，子どもたちに身近な話題や現代の社会問題を取り上げたり，自己のあり方や生き方に関わる話題を設定したりすることが考えられる」とあります。

これは，子どもの興味・関心，日常生活から課題を取り上げて，それを国語の，例えば読むことの中心に置くとか，書く学びの中心に置くという方向性を示している。つまり主体的な学びというのは，常に日常生活の子どもの興味・関心から学びを成立させていこうと。この発想で「主体的な学び」とやられると，やはり方向性が違うのかなと。

奈須 違いますよね。

二瓶 おかしくなるのではないかなという気がするのです。

奈須 そうでしょう。実社会，実生活の文脈とか，そういう問題を扱おうという話自体は，むしろ子どもからすると，先ほど言ったインフォーマルな知識ですが，子どもがいっぱい見聞きしたりしていたら，当たりがついていたり，膨大な知識をもっているという背景があるので，学習を構成するうえではそういう素材自体はいいと思います。

ただ，その素材が言語的に，あるいは文章的に，日常で出会う以上の洗練度合をもっている，あるいは子どもが初めて見るような構造なり，言語文化としての新たな価値がある，そういうことがないと意味がないですよね。そこを両立させることができればいいなと思います。

英語学習でクリルというのがあって，Content and Language Integrated Learning。内容言語統合型の学習といいます。つまり，英語というのは英語の言語事項とか構文構造とかを学ぶために無理に文章をつくってきたと。すると，文章の文法的なことはわかるけれども，中身自体に当たりがつかないのでかえって学びにくいという話があります。クリルというのはもともとヨーロッパの非英語圏の英語学習なのです。だから，オランダとか，ベルギーとか，ドイツなどでやっているものです。英語を学ぶのではなくて，英語を使って意味のある学習をする。それは，今話題になっている日常生活に近いのですが，子どもたちの関心があるとか，見聞きしているとか，知りたいことを学ぶのです。ただ，そこで言語としても language とか linguistics の角度から見ても意味がある，新しい発見があるものにしておかないと駄目なんですよ。それはすごく大事です。

青山 入り口は言語生活というか，子どもたちの日常生活でいいのですが，先生も一緒になってそこに終始してしまうと，次の段階の抽象度の高い国語で学ばせる本質にいきません。

でも，実際には，子どもたちみんなが話題に興味をもち，意欲的になんだか賑やかにやってたからよかったねという声を聞くことがあります。

これでは，主体的な学びからも深い学びからも最も遠いところにいってしまうという感じですよね。

奈須　それはまずいでしょうね。

　だから，教材。国語は言語をやるから，とりあげる教材の主題というか，扱っている中身の話題は割とフリーじゃないですか。それがより子どもにとって関心事であるとか，子どもがよく知っていることであるとか，子どもが知りたがっていることにすること自体はいいことだと思います。しかし，それによって，言語学的な，あるいは言語文化的な構造が引きずり降ろされてはいけないという話だ

青山由紀

と思います。ただ，そこを両立するのは，授業を構成するときに，それがどのくらい可能かというと，論として言えても実を言うと難しいですよね。そこだろうと思います。

桂　最近では，例えば，ある目的的な活動をするために，読むことの教材を単なる読み物資料として活用する授業も多いです。すると，その教材の中に言語的な意味や価値があるにもかかわらず，内容面をサッと見渡すだけで読んだことにしてしまうことになります。

奈須　それは駄目でしょう。これまで皆さんがやってきたように，国語的に意味のあるような読み方をしないと，子どもの関心事においてもうまくいかないような構造になるという話だと思います。そこは工夫ですね。

桂　奈須先生は，先ほど，子どもに武器を与えなければ学べないとおっしゃいました。私も，与える武器を国語はもっと明確化しなければいけないと思います。その武器なくして，例えば，新たな文章に出合ったときに，前に学んだあの読み方が使えるとか，実際にそれを使って読んでみようとか，次の学びへの見通しはもてません。

　日常生活から学習課題を設定して，子どもが能動的に学びにかかわるような授業を目指していこうといったとき，子どもに与えるべき系統的な言葉の力がぼやけることが多いです。これは国語授業の課題ですね。

奈須 この日常生活という言葉でね，何をイメージするかですね。一方で日常生活というのは現に存在しているわけで，子どもは必ずそれを足場に考えたり行動したりする。その意味で日常生活は子どもの学びや思考を枠付けているわけですが，同時に，学校で学んだことを足場に，子どもは自分の日常生活を，国語であれば言語的により洗練されたものに，あるいは自分らしい表現へと変えていくという可能性もある。そういうところに子どもが向かうような目をつくりたいという話だと思います。

白坂 無自覚的なものを自覚化させていくということ。

奈須 でしょうね。

白坂 今まで点であったものをつなげていって，自覚化して，それを日常生活に導入すると。

奈須 例えば書くことで言うと，自分がよく知っていることとか，こだわりをもっていることとか，これはこういうことだという，いろいろなものの間の関係の構造をわかっているほうが，それを的確に表そうとこだわるので，きっと文章的にいいものになると。そういう話はあると思います。だから，文章作成は日常生活を足場にしても，それほど問題はないと僕は思いますが，読解は日常ではすでにできているので，指導するのはもう一段上でしょう。だから，子どもだけでは出てこない部分を先生方は指導なさっていると思うので，そこで日常生活をどう位置づけるかは難しいと思います。

あとは，教科書にどういう教材を入れて，日常との関連づけを図るかですよね。僕はベタな日常に引きずり降ろしてはいけないと思っています。話す・聞くの領域でもっと現実的にと言ったときに，教科書教材だから難しさはあると思いますが，必然性のないインタビューをしようとか，説明書をつくろうみたいなのが出てきて，しかも洗練された高度な言語行為にはならないような文脈になっていて，とても損をしていると思います。

一方で，日常生活とか実用性というのは，子どもの言語的な表現とか，こだわりとか，工夫とかを下げるとは限らなくて，むしろ中身を詳しく知っているので，ここをこうしたいという要求は上がるという話はあります。英語などで

は，子どもが先ほどのクリルみたいなことで，このことをこんなふうに調べて，こんなふうに伝えたいとかということが具体的になって，中身の材料をいっぱいもっているから，むしろこういうふうに伝えたいから構文構造に対してこだわりをもつとか，表現に対してこだわりをもつとか，単語をもっと精査するから英英辞典を引くようになるとか，そういう話はありますね。

　文脈を本物にするとか，文脈を日常化するということは，下手をするとはいまわるという話になってしまう。つまり，そこの目的の問題だと思うのですよ。ただ伝わればいいやという話では駄目で，どのように伝える必要があるのかという切実さの内実において，意欲的な強さだけではなくて，洗練の度合いをもつような切実さの文脈をどうつくるかですね。

二瓶　それについては，「単元を貫く言語活動」で現場に提案されてきたことでありますよね。意義ある学びを成立させるために，子どもの学びの意思が貫くような単元の，学習のまとまりであるべきだという，あの提案は今回の指導要領にも脈々と息づいているのではないかと思います。

奈須　それはそうでしょうね。そうだと思います。

二瓶　そうですよね。怖いのは今回の深い学び，それも「主体的・対話的で深い学び」。それを今後，実際に現場がどう具現化するか。今の段階では極めて難しい課題だと思います。

　具体的な授業イメージを示してもらわないと，深い学びは理屈ではわかるけれども，実際に具体的な授業活動として，学習活動としてどう展開していいかがわからない。そうなると「単元を貫く言語活動」というような授業像が求められると思うのですが，そうするとまた以前のように，そういうスタイルをとらなければ国語の授業ではないというような反省がまた繰り返されるのではないかというのが私の危惧です。

奈須　答申では「主体的・対話的で深い学び」の説明のところで，特定の型ではないというのをかなりしつこく言っていて，結局，資質・能力が身に付けばいいという話なんですよ。極端に言えば，教科目標，この（1）（2）（3）ですよね。この教科ごとに書かれている（1）（2）（3）の資質・能力の三つの柱が育成さ

れるような方法，手立て，形態であれば，それは多様なものが横並びで認められるという話。それから，そういった方法の模索を，学校現場は，ずっと常に問い続けて，深め続けていくと。しかも，深め続ける方法としては，学者とか行政のトップダウンではなくて，現場での授業研究によってなされるのが望ましいとも言っています。

　だから，子どもの学びの姿，授業の事実をもとに現場で深め続けていこうという，ちょっと理念的ですが，そういうストーリーというか，方針を出してはいます。だから，小学校は盛んに授業研究をしているのですが，中学，高校で今後授業研究とか，子どもの事実で語るという文化をつくっていきたいという話はよく出ます。日本の先生方は中学，高校でも熱心で謙虚なので，そういう動きが出てきて，その文化に慣れてくれば，たぶん小学校と同じように動くかなと，少し楽観的ではありますが。

　「アクティブ・ラーニング」という言葉が出たときに，大学の先生もそうだし，現場もそうなんだけれども，「これがアクティブ・ラーニングだ」みたいなものがいっぱい出て，あれはとてもよくなかったと思っているわけです。だから，特定の方法にいくのは危険で，多様な方法が共存するようなやり方。もちろん何でもいいわけではなくて，資質・能力の実現に資すると。ただ，この目標を実現する方法は山ほどあるので。一方，原理はいくらか整理できるとも思います。今，話題になった日常生活によるということについても，原理的な議論を詰めていく必要がある。と同時に，その原理を実現する具体の授業イメージになると，かなり多様でしょうね。

　例えば，水戸部前調査官が提起された「単元を貫く言語活動」という原理は，それこそ大村はま先生以来の単元学習のアイデアを今日的に発展させて統合させたものだと思います。だから，それ自体はとても豊かな実践資産をもっているので，特定の型にはなりようがない。なのに，一部では特定の型に収斂してしまった。そのあたりの誤解，これはほかの教科でも絶対あるわけです。それは避けたいですね。

　例えば，主体的・対話的で深いというので，主体と対話と深いはこういうふ

うにすればいいという三つの条件を足せばいいみたいな誤解があって，そうではなくて，資質・能力を高めようと学びをつくっていった結果，主体的で対話的で深いという側面が出るみたいな話ですからね。すでによく見るのですが，先生方が実践発表の原稿を書いたときに，ここが主体的です，ここが対話的です，この部分が深くなっていますみたいな説明では駄目ですよね。そういう話ではないと。

　あるいは，単元計画の中で「ここは主体的にしました」「ここは対話的にしました」みたいな話ではないと。子どもの展開している学びの全体像をそれぞれの側面から見たときに，その三つの要素が結果的に入ってしまうという学びにすればいいわけです。でも，それはなんていうことはない，質の高い教科の学びなのです。

青木　どうしても現場の先生は型を求めるというか，ハウツーとして知りたがるというのがあるから，どうすればいいのかという答えを知りたがるのでしょうね。

二瓶　指導要領が変わるから授業を変えなければ。じゃあ，どう変えればいいのか。だから，これからの授業は主体的，対話的，深い学びだよ。だから，どうすればいいのと。おそらくそれが現場の率直な反応だと思います。「単元を貫く言語活動」を入れていこうと言われれば，「ああ，こうすることがこの指導要領の望む授業像か」と。とりあえずそれをやることで，新しい指導要領の方向性でなんとか少しでも私は授業をやっていると。

奈須　そうですね。

青山　よく聞くのが，深い学びかどうか，評価をどうするのかということです。

奈須　なるほどね。

青山　これをどう評価するのかとか，何で評価するのかとか，そういうのが悩ましいようで，そういう話題はあちこち出てきましたね。

奈須　評価論というのは，逆に言うと，1時間とか1単元授業をしたときに，子どもにこれまでにはなかったどういう姿が出るかという教師の見通しや予測や期待ですからね。それがはっきり描けるかどうかというのは，どう評価する

かという方法論よりも，どういう子どもの姿をこの単元で実現できるかという見通しを教師がもつかという話ですよね。

　評価論で，授業をやっておいて何が育ったかを評価したいというのは順序が逆で，そもそもこの教材で，その子どもたちに何が実現できると思って，だからこういう手立てをとったんだという話が構造的に先にあるべきですし，評価論は本当はそうなんです。評価論は目標論の裏返し，子どもの姿での裏返しなので，深いということは関連づくことと先ほど申し上げましたが，子どもが前に勉強したことと今回勉強したことで，ここが共通して，あるいはここが新しいということがわかって，できるようになって，しかもそのことに自分が気付くみたいな話のはずなんです。

青山　深いとか浅いといった言葉は主観的な言葉なので，それをどう評価できるだろうかと思いますが，関連づけられたかどうかというのであれば，先生方もストンと落ちます。教師として，何を関連づけるかを考えて授業を構想していますから。

二瓶　先生が先ほど言われた関連づけ，構造化。子ども自身が，旧知識を関連づけ，構造化できる学びで，子ども自身が自己評価，メタ認識できると。それが次なる学びに生かせそうと，子ども自身が自覚できるような学び。それを深い学びとしてとらえるとなると，授業のイメージが少しできます。

　つまり，それこそ単元を組む。それこそ学年なりの単元のつながり。あるいは，1年から6年までの系統的な単元のつながり。領域のつながり。実際に自分のやっている授業が，この本時の1時間が，どういうさまざまなつながりの中に位置づけられるのかという教師自身の自覚なくして深い学びは成立しないなと。

奈須　おっしゃるとおりです。結局，先生がおっしゃるように，カリキュラム的に考えることが大事なんですね。1時間1時間でどうするというのもあるのですが，やはりトータルのカリキュラムですよ。

二瓶　1時間で深い学びが実現できたという，その発想ではないということでしょうか。

奈須　もちろん，その1時間で新しい技能が身に付いたとか，新しい見方が身

に付いたとか，新しい読みの戦略が身に付いたとか，そういうことはありますよ。そこでインフォーマルな知識と関連づいたりすれば，それはそれで深い学びでしょう。ただ，これまではやや羅列的だったかもしれません。

桂 あくまでも，今までの学びを足場にして新しい知識や技能が身に付いたかということでしょうか。

奈須 そうですね。それをもっと見えやすくする。そうすると，子どもが前のめりになってくる。だから，そういう意味で教師はどんどん楽になると思います。子どもが最初から当たりをつけて「こうでしょう」と前のめりにきてしまうので，楽になってくるという話はあると思います。

二瓶 でも，そう単純にはいかないのが授業でもあります。

奈須 もちろんです。

二瓶 子どもが。わかった，見えた，読めたつもりが，実際は読めていない，わかっていないと。そういう体験が，また次なる子どもの学びによって増すわけです。

奈須 そうです。

青木 それを教師自身が見えていないと。

二瓶 それはそうです。

奈須 だから，一つずつの教材に独自の価値とか，独自の特質とかがあると同時に，縦の系統と領域間の横の系統がつながって見えることが大事だなと。僕はこの場合でも，教材のなかにあるその教材ならではの価値とか，世界も大事だと思っています。都留文科大学の鶴田清司先生から，昔，国語で言語技術を教えようと思って，言語技術に特化して無理して教材をつくったら，教材本自体が魅力的ではないので駄目だったみたいな話を聞いて，すごくおもしろいと思いました。

　算数だとこの数理を教えるために，数字はでっち上げてもいいんですよ。でも，国語は駄目なんですよね。その文章とか，文とか，お話自体が魅力的ではないと。それが魅力的だから，なぜこんな感じがするのだろうとか，なぜこんなに不思議なんだろうとか，そういうのを知りたくなって，そこに教材と対峙

したいという欲求が出てくると。それがある文学的な構造とか，ある言語的な表現の技術とか，独自な言葉とかの働きなんだということがわかったときに，おもしろくなってくるのです。

二瓶 ますます好きになると。

奈須 ですよね。そこが国語は独特。音楽もそうだし，図工もそうだけど。

青木 その辺が生活とのつながりではないかと。この話は今まで読んだことがないなとか。

奈須 なるほど。逆にね。

青木 今まで読んだのと少し違う感じがすると。それはいったい何なんだろうというところで，詳しく読んでいくと，そこにこんな表現の工夫があったとか，こんな作品構造で今までとは違う展開になっているとか，そういうことが見えてきて，今までとは少し違うんだということにつながると，今までの読書体験とかがまたさらに引き上がっていくと。

奈須 生活にもとづいて，生活に根ざしつつ，生活を改革していくというか，改善していくというか，望む方向につくり変えていくような学習になっていくことが，この日常生活の意味だと考えないといけないのだと思います。だから，科学や学問や文化というのは，僕らのくらしを僕らが望む方向に，よりよいものにしていくためのもので，そこの行き来がすごく大事でしょうね。だから，そういうものとして日常生活という言葉を理解しないと。

青木 そうですよね。日常生活を高めるために必要なわけですよね。

奈須 そうです。

青木 それこそ先ほどの鶴田先生の話ではないけれども，学習用語だけを教えると，またそれはその先の日常生活とか，言葉のリアリティとか，文脈からかけ離れたところで切り離されてしまっても言葉の深い学びにはならないし，その行き来というか，この学習用語を学んだことが次の作品を読むことへの仕込みになっているわけで，それがまた次の作品を読む力になっていくと。でも，そこでこの前学んだことでは処理しきれないというか，自分の中で腑に落ちないから，また新たな学びがあって，それがまた次に生かされるというような行っ

たり来たりを，いかにこちらがさせられるかと。

桂 「読みの系統指導とカリキュラム」の問題ですね。

奈須 だから，経験主義と系統主義という対立をどうやって乗り越えるかなんですよ。つまり，生活と科学，経験と知識，それらを実践的に統合することが授業とか教育の目指す所。言うのは簡単で，実際にはとても難しいのですが，そのことに本気で向かい出したのが平成10年の学習指導要領ぐらいだと思います。平成20年版ぐらいからうまく整理されてきて，今回はもう少し先に進もうとしていますね。日常生活ということと科学や学問や文化ということがどうやって統合されるかでしょうね。

　だから，本当のことを言うと，日常生活と言えば言うほど，むしろ本物の科学や学問や芸術の本質に向かわなければいけないのです。というのは，日常生活を改革するために使えるものは，科学や学問としてよほど確かなものでないと駄目なのです。そこが昔の経験主義，系統主義は，日常生活だからといってぐずぐずになっていたし，科学や学問というのはお上品にどこかに納まっているものだったのです。そうではなくて，日常生活を本気で改革するためには，科学や学問や芸術はよほど強靭でなければ駄目で，よほど子どもの身になっていなければ駄目で，何度も使って試して確実だと思えるものでなければ駄目で。そこだと思います。

二瓶 読むことで言えば，子どもの読書生活を変容させるような。

奈須 そうです。

二瓶 教室での読みの授業ですね。読みで言えば，例えば，子どもの日常の読書生活を変容させるための物語の授業とは何ぞや。与えるべき読みの武器とは何ぞや。それこそ先生がおっしゃるように教科の本質。

奈須 そうですね。

二瓶 子どもが日常生活ではおそらく出会わないですよね。

奈須 そうです。

二瓶 でも，それを知ったときに，子どもの読書生活が変わりますよね。変わらなければいけないのです。

奈須 そうです。実際，教科の系統と「日常生活をしているだけでは出会えない科学的認識の深まりである」という言い方を昭和の時代にしています。科学的というのは広い意味ですが，子どもの日常を足場にしつつ，ただ日常生活をしているだけでは出会えないもの。だから，教師がいざなうし，いざなわれたときに子どもがその生活に行きたいと思う。それが大事で，科学はもともとそういうものなのです。だから，そういう学問観というか教科観をもつということが大事です。

二瓶 目標に入った「日常生活」という言葉も極めて重要な言葉になるかもしれませんね。

奈須 むしろ重くなるのです。

二瓶 生きて働く言葉の力をつけろということですか。

奈須 そうです。

二瓶 日常生活という用語を入れることによって。

奈須 そうです。

二瓶 机上の言葉の力。テスト学力ではない。単なる学習用語を教えればいいというものではない。それは子どもの，例えば読書生活を変容するような学習用語か。変容する力として，その学習用語を知っていると知っていないのでは大きく変わるということですよね。

奈須 そうです。

青山 現状維持の日常生活ではなくて，将来を見据えたものであると。私たちがそれをもっと意識しないといけないということですね。

奈須 「生活」という言葉については，社会的効率主義とか社会適応主義というのですが，今ある生活に適応するという意味で日常生活という言葉を使う場合と，社会改良主義とか社会改造主義というのですが，今ある生活をよりよいものに変革していくという側面を強調する意味で生活という言葉を使う場合の，その両方があるのです。「生活」という言葉は，どうしても適応主義的に見られがちなのですが，そうではなくて，子どもが主体としてよりよいくらしを創造していく。その武器が教科なのです。

だから，中教審で読書が大事だという議論が出たときに，それは読書の質という話が出て，アトラクティブな読書。プレジャーリーディングは意味がないとは言わないけれども弱くて，インテンシブなリーディングとか，インタラクティブなリーディングというのを，子どもが必要に応じてできるとか，あるいはする機会を与えるとか，そもそもそういうことがあるということをちゃんと教えるべきだという議論がありました。アメリカやイギリスではそういう整理がちゃんとあるそうです。つまり読書という場合に，プレジャーリーディングと，インタラクティブとか，インテンシブなリーディングがあって。

桂　インテンシブというのは何ですか。

奈須　インテンシブというのは，まさに「深い」です。インタラクティブは。

桂　みんなでやるということ？

奈須　いや，一人でもいいのです。一人で読むときもその物語の登場人物の側に立ってみるとか，視点を移動させながら読むとか，何らかの目的なり予測，問いをもって戦略的に，どうしてこうなのだろうとか，そういうふうに考えながら読む。

桂　プレジャーは「楽しい」ですね。

奈須　プレジャーは楽しい。つまり，ただお話を，筋を楽しんで読む。日本で読書というとプレジャーリーディングになるのだけれども，インタラクティブリーディングとかインテンシブリーディングという読み方を教えて，技術を身につけて，それを必要に応じてできるようにするということが大事で，あるいは一つの文章をプレジャーで読んだり，インタラクティブで読んだりするという経験をすることが大事だという議論がアメリカやイギリスにあるらしくて，日本の読書のニュアンスを変えたいという話があります。それは大事だと思います。先生がおっしゃったこともそういうことだと思います。

二瓶　まったくそのとおりです。

奈須　ですよね。

白坂　攻略的に読んでいくようなイメージが付くということですよね。

奈須　そうです。

二瓶 教室での読解の学びと子どもの日常生活における読書生活が密接に関連しているという意識で,われわれが1時間1時間の読解の授業を仕組んでいるかです。それも6年間の系統で。

奈須 そこはちょっと距離がありますね。

二瓶 そうですよね。距離があるというか,読解をやると子どもの読書生活は崩壊しますから。つまり,読解の授業をやればやるほど,子どもは読むことが嫌いになるというのが現状です。

青木 それはなぜなのでしょう。

二瓶 その意識がこちら側にないからです。

奈須 僕らにですか。

二瓶 僕らに。授業をやっているほうに。

奈須 教師の側にね。

青木 やっているほうに意識がないからつながらないということですね。

二瓶 教えなければ子どもの読書生活は向上しない,変容しない。だから,クライマックスを教えよう。ところが,そのつもりでやっているクライマックスが,やればやるほど,子どもは物語を読むこと自体がつまらなくなる。教えなければいけないことと,子どもの読書力がどんどんどんどん遊離していくという現状があります。

青木 それをなくすためには,どうすればいいのでしょうか。

二瓶 例えば深い学び。

青木 一つ例を出すと。

二瓶 普段の読書ではクライマックス場面という意識がないまま読んでいます。それでも,感想はもてる。いわゆる初読の感想です。それが,教室での学びで,大きく何が変わったんだろう,どうして変わったんだろうという意識でクライマックス場面を中心に読みます。

　そのときに,もちろん言葉と言葉のつながりを検討しながら読んだときに,最初もっていた感想が変わりますよね。その体験こそが物語を読む楽しさだと思います。

そして次に，読者生活に戻ったときに，自分がおもしろそうだなと思って手を伸ばして読んでみた本があって。そのときにはクライマックス場面を学んでいるからそれを生かして読みますよね。

　読み終わったときに，あらためてここがきっとクライマックス場面だよなと。何が変わったんだろう，どうして変わったんだろうと，もう一回その物語を読み直してみるでしょう。

　そうすると，今までクライマックス場面を知らなくて読書をしてきた自分と，クライマックス場面を意識して読んだ自分とでは大きく変わっている。些細なことかもしれないけれども，それこそが読書生活の変容だと。実際に教室での授業で，子どもがクライマックス場面を意識して読んだら自分の感想が変わるのです。見えなかった言葉の意味が見えるし，つながりが読めるのです。「それっておもしろい」という体験を授業の中で仕組まなければいけないのではないか。それこそが生きて働く読みの力だと思います。

　ところが，「クライマックスはどこでしょう」みたいなことに終始して，「クライマックスはここだよ」とか，「討論の結果，ここに決定」とかやっている限り，生活における読書体験は変わらない。一つの読みの力として，それこそ分析的な読みの力は付くだろう。でも，それだけを読みの授業で展開している限り，子どもの読書生活はおそらく変容していかないと思います。

青木　国語の授業のなかの分析的な読みと，読書生活が今はつながっていないということだね。

二瓶　そうだね。あるいは，教師がつなげようとしていないのかと。

青木　今，奈須先生のプレジャーリーディングのお話を伺いながら，読書感想文のことを考えていました。国語であれだけ読解に時間をかけて授業をやっているのに，読書になると「さあ，プレジャーリーディングをしましょう」「感想文を書きましょう」となるから，おもしろかった以外に書けないみたいになるのかと。その辺の国語の授業でやっている読み方が，読書の仕方も変えるということでしょうか。

二瓶　そうですね。

青木伸生

青木　結果的に感想文が変わりますよね。

二瓶　結果的にね。

青木　その辺が今はつながっていないのかなと。国語という教科は言葉を扱うからいろいろな教科と関連するけれども，例えば関連するということでは領域同士というか，書くことと読むことがつながらないとおかしいし，読み方で学べれば子どもの書くものも変わるはずですね。

二瓶　説明文の読解は，すなわち論理的な文章の書き方の学びでもある。

青木　そうですね。

奈須　卒論の指導のときに，僕は小学校5，6年の説明文をもってきて，構造を説明して「こういうふうに書いてね」と言っています。そうすると，書けるんですよ。小学校卒業程度の説明文の構造に関する知識を応用すれば，大学の卒論は書ける。実を言うと，小学校ではそのぐらいやっているんですよね。本当にそうですよ。問いと答えの応答関係とか。

桂　ちなみに，何の文章を見せるんですか。

奈須　いろいろ。その時々で。1年生から段階的にいくつか見せます。こうやって「ほら，問いと答えがあるでしょう」と。「まず，問いと答えね」みたいな。それで，順序を示す言葉でしょうとやっていって，「このように」と「のです」の組み合わせを二つをまとめて「全体で」とかね。大事なのは，事実と意見を書き分けなんですが，それも小学校の教材に出てくる。小学校の説明文を五つぐらい見せると理解できますよ。

青木　ただ，それは小学校でやらなければいけないことですよね。

奈須　おもしろいのは，うちの学生ぐらいになると，要するに見せれば思い出して，何を学んだかはちゃんと覚えているんですよ。ただ，書くことには使ったことが一度もないと彼らは言います。そこはもったいない。

青山 目的の切実さがありますね。これから卒論書くぞと思っているから，同じ文章でも見え方が変わる。書くために読む。

奈須 だから，本当はできるはずなんですよ。もっとできるはず。

白坂 普通の本の結論というとらえ方を説明するだけではなくて，書くことだったり，話すことにも応用ができる。そこに共通性があるわけですよね。

奈須 そうです。

二瓶 それは聞く力でもあるしね。

奈須 そうです。

白坂洋一

　すると，言葉だけではなくて論理とか，表現とか，コミュニケーションとか，そういう概念の形成にもなる。そういうのが見えてくると，先生がおっしゃった日ごろの行為が変わってきますよね。読書行為とか，コミュニケーション行為とか，表現行為とか。

全員 なるほど。

奈須 あるいは論理的に思考するということとか。国語は本当に膨大な経験と道具を与えています。ただ，それがまだ統合されていない感じはしますね。

桂 前にもお話ししたのですが，低学年の文学的な文章は，たいてい，マイナスからプラスになっています。悲しい気持ちだったのが，最後は幸せな気分になる。1年生の時には，ほぼ毎時間，絵本の読み聞かせをしていました。私のクラスでは，その中で「物語って，ほとんどがマイナスからプラスだよね」という共通理解になりました。

　先日，2年生で「スーホの白い馬」の提案授業をしました。しかし，それは，マイナスからプラスではありません。プラスからマイナスになる物語です。ただ，最後の場面では，スーホが白馬の骨や皮を使って馬頭琴をつくった場面では，子どもは「マイプラだ」と話していました。

ある子は，お母さんが読み聞かせをする時に，「今はマイナスだから，次はプラスになるぞ」とつぶやくそうです。

　先日の1年生を迎える会では，クラスの劇を発表したのですが，この時も，マイナスからプラスでした。子どもたちと一緒に，マイナスからプラスになるストーリーを考えました。劇の指導においても，マイナスとプラスの気持ちの違いをしっかり出すように努めました。

　つまり，読み聞かせで発見したマイナスとプラスに関する読み方が，他の物語を読むものさしとして有効に活用されたり，実生活の言語生活にも活用されたりしているということです。このことは，まさに，汎用的な能力や知識ではないかと思っています。

奈須　茫漠ともっていた実感が洗練された概念的な道具になっているのですね。国語の授業を通してね。それが国語の読解だけではなくて，日常生活のいろいろなものの評価とか，構想とか，計画とか，見通しに使えることがわかってきているということでしょうね。そういう道具が国語の中には膨大にあって，国語科に固有なものもあるし，国語科で身に付け，外に広がっていくものもありますよね。

―新学習指導要領の枠組み

二瓶　今回の指導要領の国語の枠組みにある「思考力，判断力，表現力等」。その下に3領域がきますよね。別に「知識・技能」がある。この知識・技能と3領域，読むこと，書くこと，話すこと・聞くことを分けているのですが，私はそうではないと思います。3領域に示された力こそが，思考力，判断力，表現力の土台となる知識・技能だと。なかの枠組みで知識・技能というと，漢字が書けるとか，「てにをは」を正しく使えるとか，言語事項に特化された知識・技能と言われてしまうと，どうなのかなと。日常生活をよりよく変容させるような言葉の力。これはもっと知識・技能として明確に，もっと系統的に位置づけて明確化されていいのではないかなというのが，今段階の学習指導要領国語科に対する感想です。

桂 私は，話し方・聞き方，書き方，読み方を，思考のプロセスだと考えています。これまでは，どのように表現していけばいいのか，どのように読み取っていけばいいのかが，曖昧だったと思います。豊かに表現しようとしても，その思考のプロセスがわからない。こうした思考のプロセスとしての，話し方・聞き方，書き方，読み方を，もっと明示的・系統的に指導していくことが大切だと思います。

桂　　聖

　思考のプロセスとして知識・技能です。話し方・聞き方，書き方，読み方を，思考のプロセスとしての知識・技能と見るということです。

奈須 いわゆる言語能力，言葉の力といったときは，読む力，書く力と言いますよね。それが今回の指導要領のどこに，どういうふうに位置づけられているのかなと。

二瓶 分けること自体が。この見せ方の問題ね。何か誤解されないかなと。誤解というと変だけれども，受け取る側が曖昧にならないかなと。

奈須 そうなんです。どこに位置づけるか，どう位置づけるかが，教科によってだいぶ違うのです。

　算数などは項目ごとに全部位置づけているし，家庭科などは工夫すると書いてあって，その「工夫する」が思考なんです。すごく簡単に，何とかについて工夫するというのが思考，判断，表現なんですよ。だから，教科によって本当に示し方が。教科の特性もあるとは思うのですが，今回は雑然としていて，これから10年議論しながら修正なり統合していく必要があるとは思っています。今回は大きく変えたので納まらないですよね。それが本当に教科の特性から来るものなのか，そうではなくて，見せ方や示し方がずれていて，そろえるべきことなのか。そろえられるのか，そういった議論は10年かけてやればいいと僕は思っています。

二瓶 そろえるのは難しそうですね。

奈須 そう思います。難しいと思います。ただ，そろえられるのにそこまでうまくやれていないこともある。いずれにせよ，やはり言語は独特ですよね。

二瓶 言語力というのは，思考力，判断力，表現力のそれこそ大もと。

奈須 そうなんですよ。だから，国語のコンテンツがはっきりしないというのは，まさにそういうことでしょう。社会科などでいうコンテンツとは意味が違います。やはり国語と英語は圧倒的に難しいのです。そういう意味で言うと，見方・考え方も難しいのです。そこがやはり言語学習の独自性，固有性と同時に普遍性でもある。ただ，知識と思考力ということで言うと，知識と思考力は別の実体ではないという話は割と整理されてきています。

　総合などではこういう議論をしていて，つまり知識や技能というのがあって，それがどの場面で，どんな理由で，どんなふうに使えるのかということが，どんどんどんどん起こってくると。つまり思考力というのは，特定の知識や技能をいろいろな場面で使ってみた経験を足場に，どんな場面で，どんなふうに使えるのかということがわかってきて，それが適切にとか，自在にとか，個性的に使いこなせるようになった状態のことだと。

　思考力というのは知識とは別にある何かではなくて，知識が自在に使えるような状態に変化していったことだと考えようみたいな話を，教育工学系の人は，わりと言っています。心理学的にもそう考えるほうが合理的で，頭の中で起こっていることは知識と別に思考力があるわけではなくて，知識をいろいろな場面に使ってみたと。国語などでもそうだと思います。

　例えば，ある学習用語みたいなものがあって，最初に勉強したときは，その教材のその文脈で学んでいるのに，別の教材の別の文脈で使ってみると，子どもは一見だいぶ違うことじゃないかと感じる。でも，よくよく考えてみると，表面的には随分と違うようだけれども，その学習用語の角度から見れば確かに同じことだと気付く。そのときにその学習用語の意味がより深く，しっかりと，自在に使える形になってわかっていく。

　つまり，ある知識を最初に学んだときにはまだ自在に使える状態にはなって

いなくて，それが表面的にかなり違う場面で多彩に使われてみて，先ほど申し上げた共通性と独自性が見えたときに，「じゃあ，この場合はこれが使えるよね。こんなふうに使えばいいんだよね」ということが見えてくる。このように知識が自在に使えるということを，思考力が身に付いていることだと考えればいいのかなという話は最近よくしています。

　たぶん国語などの言語能力というのにも，能力の基盤になっている細かな知識とか，技能とか，概念がありますよね。それがいろいろな場面でいろいろに使われてきて，巧みに，自在に使えるようになると同時に，それ一つ一つの概念や言語が意味することについて，より正確で深くて多彩で柔軟な状態へと概念が何度も何度も更新されていく。たぶんそういう状態を思考力といっているのではないのかなという話はしています。

　つまり，知識を最初に学んだ状態から知識はどんどん進化していく。

二瓶　生きて働く言語能力，活用できる言語能力を，思考力と呼び，判断力と呼び，表現力と呼ぶ。

奈須　その思考力の一番大もとになっているのは，要素的な知識や技能です。それが徐々に進化・統合を遂げていって，ついには自在に働く思考力や判断力になる。ところが，経験主義と系統主義の間でも，思考力なのか，知識なのかみたいな対立があったわけです。社会科あたりで，知識がないと考えられないだろう。知識ばかりもってたって駄目じゃないかという論争ですね。でも，よくよく考えればナンセンスで，知識が様々に使われる中で，統合され，進化して思考力になるし，思考しないことには知識だって知識として定着していかないわけで，両者はそもそも対立なんかしてはいない。

　でも，僕らはまだ知識とか思考力という言葉を使っているときに，それが相反する二つの実体だという概念をまだまだ引きずっていて，国語科の示し方にもひょっとしたらそういうことがかかわっているのかもしれません。

　こういう議論をしていくことは大事だと思います。特に国語は社会科のような意味でのコンテンツがないので，まさに言語能力とか，言語技術とか，言語事項とか，学習用語がそのまま対応しているので。社会科の場合は，本当に一

つ一つの領域的な知識があって，それを通して地理的な見方，歴史的な見方とか，民主的なとか，公正なとか，多面的なとかいったものを鍛えていけるわけですが，国語はそうではないので。

二瓶　そうですよね。社会。例えば，歴史的思考力というような社会科は受け止め方をするわけですかね。つまり社会科的判断力とか，社会科的思考力とか，理科なら，理科的思考力，そういうとらえ方をするのでしょうか。

奈須　それはあるかもしれません。その教科ならではの物事に対するアプローチの仕方になりますから，理科であれば実証的にとか，再現性があるとか，よりシンプルにとか，どう考えるべきかに関する大まかな原理はありますよね。より統合的になる。そういうふうに自然の事物現象に立ち向かおうと。社会科もより多面的，多角的に，つまり特定の立場ではなくて，いろいろな立場に立って見ていこうと。なぜなら，そのほうが公正になるから。そういうのは原理的にあると思います。

二瓶　思考力，判断力，表現力を各教科の特性に応じてそれぞれが受け止め，それを今度，内容事項で示しているわけですね。
　当たり前のことですが，人は言語によって思考する。
　でも，先生が先ほどおっしゃったような，単なる知識・技能としての言語力ではなくて，生きて働く言語力の姿が表現力であり，判断力であり，思考力であるととらえれば，学習指導要領が提示する国語の構造図も理解できる。3領域の上にかぶさったから。

青木　国語は究極の繰り返しじゃないですか。1年生から6年生までずっと物語を読んでいるんだけれども，そこで学んでいるいろいろなことが次の作品でもどんどんバージョンアップしながら使われていくと。それができないと，一つ一つの作品が点で終わってしまうから，その作品だけで終わるというのが深くない学び。

二瓶　その学びは子どもの日常生活，子どもの言語生活は変容させない。子どもは自覚的に変えようともしないだろうし。

奈須　国語はもう一歩のような気がします。日本の国語の授業は，どこで見て

もすごくいいですよね。先生方もよくがんばっているし，もともと国語は世界的に見ても授業の水準が高いので。ただ，それがつながってきていないと。僕らはよく俯瞰的という言い方をします。勉強してきたことを少し離れた視点から，何がどうだったかと俯瞰して整理すると，これとこれがこう結びついているということが見渡せて，見通せるみたいな。

　総合で言っているんですよ。総合は各教科の勉強したことを俯瞰して，それを初めて出会う，何が使えるかわからない場面でとにかく使ってみるという勉強なので，俯瞰という言い方をしたのです。国語などもすごく俯瞰しやすい教科。同じようなことをやっているし，読むと書くが対応しているから，たぶん俯瞰しやすい。文学と物語とか，散文，韻文，論理文と構造的に俯瞰しやすい。

　算数とか理科だとそこに個別の細かな文脈があるので，あまり大ざっぱに俯瞰しても意味がないところもあるけれども，国語はそういう意味でやりやすいです。

桂　関連づけて構造化する学びが「深い学び」につながるのであれば，その手立てを考えることが重要ですね。「深い学び」の大きなヒントになりますね。ありがとうございました。

Ⅱ章
「深い学び」を生む国語授業づくり

Keyword
- 対話・交流
- 相互評価

1 対話・交流と相互評価で「深い学び」の実現を！

立教小学校　安達真理子

1 授業づくりを創造的に！

　「主体的・対話的で深い学びの実現に向けた授業改善」が求められている。教師の頭を悩ますのは，意味深長な言葉「深い学び」についてであろう。また，本年（平成29年）3月告示された学習指導要領・国語科の目標は「言葉による見方・考え方を働かせ……」であるが，「言葉による見方・考え方」をどうとらえたらよいか，これも抽象的で逆に難解である。現場教師は，何を求め，どう努力したらよいのだろうか。これら広い意味をもつ文言を自分なりに解釈して，「言葉」の繋がりである教材の特性を生かし，個と集団の「学びの深まり」をめざして，子どもが「主体的・対話的」に考える授業を創っていくことだろうか。

　今回の改訂は，創造的な営みを教師に委ねた教育改革だと理解している。個々の教師が，個々の考えに従って，個々の授業をデザインしていく。創造的な授業づくりは，ある型にはめられて自由が利かないなかで考えるより，様々な挑戦ができ，はるかにやりがいがある。子どもたちが学び合う姿から教師も学び，共に育てられていく実感をもつこともできるだろう。だが一方で，活動ばかりに目が向いて，独り善がりに陥る危険性もはらんでいる。たとえ自由であっても，方向性にズレはないか，本当に学びが深まっているかを，確かめ合う場は必要である。

　授業づくりを創造的に行うには，教師自身の「資質・能力」や柔軟性が問われるが，育成したい「資質・能力」（コンピテンシー）をベースに，学習内容（コンテンツ）を的確に関係付けてデザインすると，豊かな発想が生まれてくるよ

うに思える。「深い学び」の実現に向けて，試行錯誤を重ねながらチャレンジしていきたい。

2 国語授業における「深い学び」とは

　前述のようなスタンスで，筆者が現段階で考えている「国語授業における深い学び」を定義付けるなら，「**テキスト・他者・自己との対話・交流や相互評価を通して，主体的な読み手・書き手（表現者）を育成する学び**」である。

　第1に，「深い学び」には，「**対話・交流**」が必須である。まず教材（テキスト）と対話して解釈をつくり，友達（他者）との対話や交流を通して吟味していき，最終的には自己と対話して自分の考えを形成する。その過程で，自分の解釈と友達の解釈を比較し，解釈を生み出す根拠と理由を話し合いながら，思考を深めていく。その際，教師がなすべきことは，意義深い「対話」を促す学習課題を見いだすために，教材のもつ論理・特性を探究し見極めておくことである。

　第2に，「深い学び」を促すために「**相互評価**」という方法を採る。学級で学び合う際，立場が拮抗することや意見が対立することは，極めて重要である。だが，双方が自己主張を続けるだけでは，学びは深まらない。異なる立場の考えに耳を傾け，自分とは何がどう違うのか，なぜそのように考えるのかを理解し評価し合うことによって，新たな視点が生まれ，思考が深まる。教師は，一人一人の立場を見合い，聞き合うことができる環境（例えば視覚化）を用意することが必要である。

　第3に，「**主体的な読み手**」「**主体的な書き手（表現者）**」の育成を「深い学び」の目的とする。様々な文章を読み・書く（表現する）ことを楽しめる子ども（人）を育てたい。それは，人生の喜び・幸福だからである。テキストを超えて読書の幅を広げ「読みたくて仕方がない子」や，人に読んでもらうために様々な表現を生み出す「書きたくて仕方がない子」は，国語授業での「深い学び」によって育成できると確信する。教師は，対話や相互評価による学びを意欲につなぐ工夫をしたい。

　以上のような「深い学び」を実現する具体的な条件は，以下の通りである。

①有意義な対話が生まれる学習課題であること
②立場の違いを明確にしながら交流し，相互評価を通して学び合えること
③主体的な読み・主体的な表現が価値づけられ，磨かれていくこと

3 「深い学び」を生み出す授業づくり

「ニャーゴ」（東京書籍2年下）【教材の特性】

　本教材は，ねことねずみの「食う」「食われる」関係を知らない3匹の子ねずみたちが，無邪気な勘違いと優しさで「たま」（ねこ）と親しくなり，ねこは子ねずみたちを食べる機会を失うというユーモラスなお話である。

　また，複数の異なる解釈が成立するという，特異な性質をもつ。中心人物「たま」は，最後に子ねずみたちを食べる気持ちを失うが，その時にこぼした涙が，子ねずみたちの優しさに感動した「嬉し涙」なのか，食べることができなかった「悔し涙」なのか，そのどちらの解釈も成立する。読み手の自由に任せられる範囲で二つの文脈をもち，異なる解釈を相互に評価し合う学習に適した教材と言える。

　1で述べたように，育成をめざす「資質・能力」（コンピテンシー）をベースに，授業をデザインする。本教材では，以下の二つの力を中心に単元を構成する。

②登場人物の行動を評価しながら読む力〔思考力・判断力・表現力等〕
③解釈の異なる他者の立場を理解し評価しながら読む力〔学びに向かう力・人間性等〕

【単元の流れ】（全11時間）学習課題：登場人物の行動を評価しながら読む（太字）
　　　　　　　　　　　　　学習方法：異なる解釈を相互に評価しながら読む

次	時	・学習内容　　○学習課題（主な発問）	
第一次	1	・教材との出合い　・初読の感想 ○「このお話は〜だな。……」「クラスのみんなで考えたいこと・話し合いたいことは？」	
	2	・登場人物への行動評価① ○「たま」と「子ねずみたち」どちらが好き？　なぜ？	
	3	・場面分け→好きな場面の交流 ○一番好きな場面はどこ？　なぜ？	
第二次	4	・登場人物への行動評価② ○「たま」と「子ねずみたち」，相手に対する思いはどう変わっていったかな？	
	5	・中心人物の行動についての論理的思考① ○第5場面の「たま」の「子ねずみたち」を食べたい気持ちはどれくらい？ ○もし「たま」がまた「子ねずみたち」に会ったらA食べる？　B食べない？	
	6	・中心人物の行動についての論理的思考② ○「たま」が食べなかったのはなぜ？　○最後の「ニャーゴ」の心内語を考えよう。	
	7	・中心人物の行動についての論理的思考③ ○「たま」はいつ食べるのを諦めたの？　○「ううん。」にはどんな意味があるかな？	
	8※	・中心人物の行動についての論理的思考④ ○「たま」は，A今度こそ食べたい？　Bもう食べない？　考え方の違いで4・5場面の読み方はどう変わるかな？→心内語を想像しよう。	
	9※	・中心人物の行動についての論理的思考⑤ ○考え方の違う友達の意見を聞こう。→だれの考えがいいと思った？	
第三次	10	・中心人物についての紹介文作成① ○「たま」の紹介文を書こう。　○友達の紹介文を見て，交流しよう。	相互評価
	11	・中心人物についての紹介文作成② ○別の絵本の中心人物紹介文を書こう。　○中心人物のおもしろさを比べよう。	

4 授業の実際（第8時／第9時）

　単元半ばには，「たま」がまた子ねずみたちに会ったら「A食べる」，「B食べない」，「Cその他」を巡って複数の解釈が出現した。そこで，第8時で「解釈の違いによって，第4・5場面の読み方が変わるだろうか」を問い「たま」の「うぅん」「ニャーゴ」に隠れた心情（心内語）を想像して表現させた。第9時で，各自が書いた心内語を全員分紹介し，誰の考えがよかったかを評価させた。

番号	自分の考え	評価した友達の考え	番号	自分の考え	評価した友達の考え
1	B	欠	21	A	B（39）児
2	B	B（37）児	22	B	A（38）児
3	B	B（28）児と（19）児	23	B	B（39）児
4	B	欠	24	B	A（38）児
5	A	A（21）児	25	B	A（18）児
6	B	A（21）児	26	B	A（14）児
7	A	欠	27	B	B（24）児
8	B	欠	28	B	A（38）児
9	B	A（38）児	29	B	A（38）児
10	B	B（25）児	30	B	欠
11	B	C（16）児	31	B	A（21）児
12	C	B（22）児	32	A	A（5）児
13	A	A（38）児	33	B	C（16）児
14	A	B（25）児	34	B	A（14）児
15	B	B（22）児	35	A	A（38）児とB（12）児
16	C	B（40）児	36	B	B（34）児
17	B	A（18）児	37	B	A（38）児
18	A	B（23）児	38	A	B（2）児
19	B	C（16）児	39	B	B（9）児
20	B	B（3）児	40	B	A（38）児

（＊自分の考え→評価した友達の考え）
A→A（4名）／B→B（10名）➡同じ立場を評価した児童（14名）
A→B（5名）／B→A（13名）／C→B（1名）／A→C（0名）／B→C（3名）➡異なる立場を評価した児童（22名）

5 結果の分析と考察

　誰の考えがよかったかを問うと，同じ立場より逆の立場を評価した子が多く，自分では思いつかないような新鮮な発想は，評価に値すると考えた傾向が見える。異なる解釈の友達の意見を聞くことは，自分の考えを広げたり深めたりする上で有効であることを，子ども自身が自覚していたようである。自分の解釈と比較して考え，立場を超えて理解し合うことに関心をもち，意見交流の時間を大切にしていた。

　だが，異なる立場を理解したからと言って，安易に自分の立場を変えることはしない。B派（34）児は，「たまは子ねずみたちと仲良くなったからもう食べない」という考えのままであったが，A派（今度こそ食べたい）である（14）児の心内語表現のよさを評価していた。

（34）児…＜B派・もう食べない＞の評価
（14）くんの考えがおもしろかったです。なぜかと言うと，（ひひひ……）と書いてあるところがおもしろい。はくりょくがある2・3場面の心内語の（ひひひ……）というのをつかっているところがすごいと思った。

（14）児…＜A派今度こそ食べたい＞が書いた心内語
「ううん」：（おれの声がこいつらに聞こえていないのか。もっと上手に話さないとダメか。でも，おれはあきらめないぞ。ひひひ。）
「ニャーゴ」：（おぼえてろよ。今度会ったらぜったいに食ってやるからな。ひひひ。）

◎立場の違う（14）児に対して，教科書にある「ひひひ。」という表現の引用を，高く評価している。→「学びに向かう力・人間性」という「資質・能力」も感じられる。

---

6 おわりに

　子ども同士で友達のよさを発見しながら学びを深めていくには，相互評価という方法が有効である。教材と対話し友達と交流する活動に，相互評価を加え，より深い考えを形成させたい。すると同時に，他者理解という人間性も養われる。

Keyword
- 考えたくなる課題設定
- 質の高い言語活動
- 教師のゆさぶり

2 読みの授業で深い学びをつくる

小学校教員　藤田伸一

1　読みの授業における深い学びとは

　物語や説明文での授業で，子どもの姿がどのように映ったとき，深い学びが成立したと言えるのか考えてみたい。
　つぎの二つの変化が起こったときに，深い学びが営まれたのではないか，と仮説を立てることにする。

> ○書かれていることが，実感を伴った理解へと変わったとき
> ○直接書かれていないことが，見えたとき

　物語で言えば，「おおきなかぶ」でみんなで力を合わせてかぶがやっと抜ける場面がある。この場面を演じるという言語活動をくぐり抜けることで，「本当にたいへんだったね」，「思いっきり力を出してやっとぬけた」，「大きくておもたいかぶだったんだ」というようなつぶやきが生まれる。本当の意味で大きなかぶを協力しながらやっとの思いで抜いた喜びが実感できる。
　また，「ごんぎつね」の最後の場面に「ごん，おまいだったのか，くりをくれたのは。」という兵十の会話文がある。この一文を音声化する。兵十の立場になって，思いを声にのせてみる。「兵十は，ごんがくりやまつたけを置いてくれたのをこの時初めて知って，だからごんの名前を先に言っている」，「兵十は，きっとなんて取り返しのつかないことをしたんだろうと思っている」，兵十の後悔の念や気付き，落胆の思いなどを，自分のこととしてとらえることができるのである。

説明文では、「ありの行列」（光村図書三年下）で二つ目の実験・観察の説明部分があるが、さらっと読んでいるだけでは、3年生には、なかなか何が書かれているのかよく理解できない。ありと巣、その間に石を配置した図をかかせ、ありがどのように動くのかを説明することで、一度はバラバラになるありの行列が、時間を経過するなかでまた行列になるという現象が手に取るようにわかってくる。

　このように見てくると、テキストに書かれている内容を「質の高い言語活動」を通して、実感が伴った理解をしたとき、深い学びに至ると言えるのではないだろうか。

　もう一つの「直接書かれていないことが、見えたとき」の子どもの姿を追ってみよう。

　「大造じいさんとガン」で、大造じいさんが、残雪を仕留められる瞬間がきたにもかかわらず、残雪に向けた銃口を下ろす場面がある。「なぜ、大造じいさんは銃口を下ろしたのだろう？」という課題に向かって検討する授業だ。ここには、大造じいさんが銃を下ろしたときの内面は語られていない。

　子どもたちに自分の考えを書かせた後に、ペア対話や全体対話で練り上げる。「ここで撃ったらひきょうだから撃たなかった」、「撃っても意味がないから」、この発言を取り上げてみんなに返す。「意味がないって言ってくれたけど、みんなはどう思う？」、「確かに正々堂々闘ったわけじゃないから」、「そうだよ。大造じいさんは、狩りのプロだから自分の方法でやっつけないと満足しない」、「狩人としてのプライドが許さないんだよ」。

　一人では気付かなかったことに気付く、いままで見えていなかったことが見えるようになる、このような変化が子どもたちの内面に引き起こされたとき、学びが深まったと私はとらえている。

　大きく二つの子どもの姿で、学びが深まるとは子どもがどう変わったことをいうのかについて見てきた。では、教室の中でどのようにアプローチすれば、深い学びを生み出すことができるのだろうか。次は、子どもに深い学びを促していくために、何が必要なのかという点について言及していきたい。

2 深い学びを生み出す読みの指導のポイント

(1) 課題が生命線

　深い学びを生み出す前提として，一人一人の子どもたちが，自分の考えをしっかりともつということがまずは大切である。たいした考えもないのに深めようと思ってもそれは無理なことである。

　それ故に，子どもが考えたくなるような課題が提示されなければならない。読みの指導において，どのような課題が深い学びを促すのか，整理すると以下のようになる。

【深い学びを促す読みの課題】

○内容を確かに理解させるための課題

　・「ごんは，どんなきつねなのだろう？」　　　　（4年「ごんぎつね」）

　・「ウイルソンは，どうしてありの行列の仕組みが分かったのだろう？」

　　　　　　　　　　　　　　　　　　　　　　　　（3年「ありの行列」）

○行間（人物の心情や筆者の意図など）に迫るための課題

　・「ごんのつぐないは，兵十に受けとめられたのだろうか？」

　　　　　　　　　　　　　　　　　　　　　　　　（4年「ごんぎつね」）

　・「筆者は，どうして五つの事例をこの順番で説明しているのだろう？」

　　　　　　　　　　　　　　　　　　　　　　（3年「すがたをかえる大豆」）

　深い内容理解を促す課題の一つとして，「人物像をとらえる」課題設定が考えられる。例えば，「ごん」とはどういう人物なのかをとらえる際，「ごんは，どんなきつねでしょう？」といきなり発問しても子どもは動かない。では，どうするか。子どものきつねの絵と大人の小さいきつねの絵を提示する。その上で，「ごんは，どっち？」と問う。「う〜ん，どっちかな？」テキストに目をやる子どもたちの姿が見られはじめる。このとき子どもは，考えはじめているのである。「小ぎつね」というワードと自分のことを「わし」と呼んでいるワー

ドを結びつけて,「大人の小さいきつね」であることを結論付けていく。

　内容理解を促す発問をすることは大事だが,それを効果的なものとするためには,課題の提示の仕方がかなり重要になってくる(詳しくは拙著「学び力をぐんぐんアップする発問術」を参照していただきたい)。

　次に,「行間に迫るための課題」だが,人物の行動の意図や筆者の意図は,直接文章の中には書かれていない。さまざまな部分に散りばめられている情報を関係付けながら精査・解釈していく必要がある。だからこそ,深い学びにつながる課題となるのである。

　3年の説明文に「すがたをかえる大豆」(「光村図書」三年下)というのがある。大豆がいろいろな食品に姿を変えている工夫が並列型で説明されている。「いり豆・に豆」→「きなこ」→「とうふ」→「みそ・しょうゆ」→「えだ豆・もやし」というように,大きく五つの事例が取り上げられている。「どうしてこのような順番で説明されているのだろう」という課題が生まれるように授業を展開していくことで,筆者の意図に迫る思考が形成されていく。

(2) 質の高い「言語活動」を設定する

　どんなに深い学びにつながる課題を子どもに投げかけたとしても,ただ教師が発問して後は子どもに任せるというやり方ではなかなか考えが深まっていかない。やはり,課題を解決するための最適な質の高い言語活動が設定されなければならないのである。

　例えば,「ごんの思いは兵十に通じたのか?」という課題に対して,「人物関係メーター」をかかせることによって,二人の関係がどう変化していったのかを可視化させる。そうすることによって,一人一人の考えが整理されるとともに,集団としての思考のずれが生まれる。このずれをめぐって検討することが深い学び,「行間に迫る」ことにつながるのである。

　兵十は,最後の場面までごんのいたずらに対する怨念や敵対する思いを,ほとんど変えていない。あれだけごんが償いを続けてもごんに思いを寄せていくことはない。なぜなら,ごんがくりやまつたけを母の死を思って持ってきていることに気付かないからである。

一方ごんは、兵十にいたずらをくり返し、その後償い行為を行うたびに兵十に接近していく。人物関係メーターも右図のようにごんを中心に動いていく。

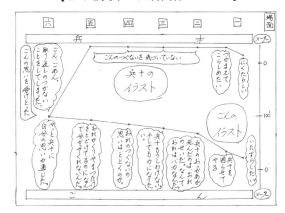
【ごんと兵十の人物関係メーター】

　ここで最もずれが生じるのは、最後の場面である。ごんが兵十に撃たれてうなずくところだ。完全に二人の線が重なり合うのか、ほんの少しでもすきまができるのか。このずれが全体の深い学びにつながる課題となる。

ごんと兵十は、通じ合えたのだろうか？

　人物関係メーターという質の高い言語活動によって明確となった二人の関係性のずれをめぐって、子どもたちは自分の考えを主張し始める。対話の中でごんの思いは、兵十に届いたのか、ごんは最後どのような思いでうなずいたのかが深められる。直接書かれていない行間を子どもたちが埋めていくのである。

(3) 深めるために教師がゆさぶる

　対話的な学びをいくら仕組んだとしても、子どもたちだけでは深まりに限界がある。それはなぜか。子どもは自分の主張を通そうとするがあまり、相手の主張を受け入れたり吟味したりしようとする働きが弱くなるからである。たとえ十分に他者から学ぶ姿勢があったとしても、さらに人物の奥深い内面に迫るためには、多角的・多面的にさまざまな視点から対象を見ていく必要がある。そのためには、教師の働きかけが欠かせない。どのように教師が子どものたちの中に入り、深い学びに誘っていけばよいのだろうか。

　深めたい内容を教材研究の段階で明らかにしておくことは言うまでもないだろう（「つけたい力」と「教材研究のポイント」は、拙著「小学校国語科アクティ

> **【深い学びに誘う教師の働きかけポイント】**
> ○教師が深めさせたい内容を明確にしておく（働きかける前の大前提）
> ○子どものずれをキャッチし，全体での話し合いの中心化を図る
> ○多面的・多角的に見させるためのゆさぶりをかける

ブ・ラーニングの指導技術５０」を参照されたい）。そうでなければ話し合いを焦点化し深めていくことはできない。

　先述したごんと兵十の人物関係メーターで言えば，最後の兵十がごんを撃ってしまったときのメーターの度合いが必ずずれると，教材研究の段階で子どもの反応を予想しておく。机間指導でその通り子どものノートが多様化しているのをつかむ。対話の中で，何グループかの間に近づいて耳を傾けることによって，全体での話し合いの中心になるであろう課題を明確にしていく。

　こうしていよいよ全体での深い学びに導く営みがスタートする。まずは，人物メーターにある最後の場面の点を書かせる。兵十がごんに近づき，ごんと重なる子と少し離れる子と出てくる。ここでストップをかけ，みんなの思考を集めるために次のように投げかける。「ごんと兵十は重なり合うまでの関係になったのか，ならなかったのか？　二人で話してごらん」。

　ここで話し合いを最後の撃たれた場面に焦点化していく。さらに全体で検討していく。「ごんがうなずいているから撃たれたとしても自分が償いをしているのを分かってもらったので，二人は通じ合えたと思う」，この発言をとらえて，子どもたちをゆさぶる。「ごんは撃たれて死んだんだよ。通じ合えてなんかないよね」，このゆさぶりで子どもたちはもう一度本気でテキストに向き合い，ごんの内面を掘り下げようとする。「たとえ死んだとしてもわかってもらえた喜びの方が大きいから二人は理解し合えたと思う」，「だからこの話が後になっても受け継がれていると思う」，タイミングよく教師が働きかけることによって，村の茂平から聞いた話が後世に受け継がれているという意味をもつなげて考える深みへと，子どもたちを高めていくことができるのである。

Keyword
- 発問
- 交流
- 教師のファシリテーション

3 「読むこと」における「深い学び」を実現する発問と交流の在り方

福岡県・県教育センター 立石泰之

1 私の考える国語科「読むこと」における「深い学び」

(1)「深い学び」をどうとらえるか

　私は，「深い学び」について，知識や手続きを関係付けて概念的に身に付け，その有意味性を実感することだと考える。

　例えば，社会科の場合，歴史上の出来事が起きた西暦を単に暗記するような学びではなく，その当時の国内や世界の情勢から判断して出来事が起きた西暦を導き出したり，なぜそのような事件が起きたのかを考えたりして，現代にも当てはめられることに気付き，現在の社会の在り方について考えていくような学びである。

　このような「深い学び」を実現していくためには，課題解決的な学習活動が欠かせない。課題解決的な学習活動では，課題の解決に向けて，自分が既にもっている知識や情報の何を使って，どのように関係付けていけばいいのかを考えさせていく。活動の中では対話を通して，他者の視点を取り入れながら，自分の考えや手続きを見直させていくようにする。このような学習を，全員の子どもたちに，段階的，自覚的に行わせていくのである。

　中央教育審議会教育課程部会「次期学習指導要領等に向けたこれまでの審議のまとめ」（平成28年8月26日）において「主体的・対話的で深い学び」は，単元や題材のまとまりの中でその実現が求められている。しかし，本稿では，国語科「読むこと」における「深い学び」の実現に向けた授業づくりについて，日常の授業に取り入れやすいように，単元ではなく，1単位時間での発問の組み立てや交流の在り方について論じていきたい。

(2) 「読むこと」における「深い学び」とは

　「読む」とは，テキスト（言葉，図表等）を関係付け，解釈し，評価していく一連の思考活動である。

　例えば，「一つの花」（光村図書4年上）で，ゆみ子のお父さんが「ゆみ子をめちゃくちゃに高い高いする」場面が描かれている。その心情を読むためには，冒頭部分の「戦争のはげしかったころのこと」，「食べる物といえば，……しかありませんでした。」という物語の設定，お母さんの「なんてかわいそうな子でしょうね。」という言葉やお父さんの「深いため息」，「みんな一つだけ。……いったい，大きくなって，どんな子に育つだろう。」などのような言葉と関係付ける必要がある。そして，読み手は，お父さんがゆみ子の置かれた現状を憂い，将来の幸せを願いながら，今自分がゆみ子に与えられる喜びを精一杯与えようとしている思いを推論し，解釈をする。その浮かび上がったお父さんの思いに対して，それぞれの読み手がより強く反応したり評価したりしていく。

　「読むこと」における「深い学び」では，テキスト（言葉，図表等）の関係付けや方略となる読み方の見直しがより自覚的に行われ，読み手のなかにものの見方や考え方の変容が生じるような学習にしていく必要があると考える。そこで，「読むこと」における「深い学び」の条件を次のように設定する。

- ■ テキスト（言葉，図表等）の関係付けをより緊密にする。
- ■ 方略となる，よりよい読み方を見いだす。
- ■ 読むことによってものの見方や考え方が変容する。

2 ｜「深い学び」を実現する発問と交流の在り方

(1) 「深い学び」を実現する「読むこと」における発問の組み立て

　「深い学び」を実現するために，教師による発問は，学習活動を方向付ける重要な役割をする。1単位時間における柱となる主な発問は，次の二つである。

　A 「入口」の問い … 本時の話題を限定し，学習課題となる発問

「『入口』の問い」は，すべての子どもを抵抗なく学習に参加させるとともに，その時間の話題を限定し，何について考えていくのかという子どもたちの思考の範囲を決定する。例えば，次のような直感的に答えられそうな発問である。

・「ごんはどんなきつねだと思うか（人物像）」
・「大造じいさんが大きく変容したのはどこか（変化・変容）」
・「『ちいちゃんのかげおくり』の最後の場面は必要か（構成）」　など

B　深める問い … 新たな考えを生み出す違う観点からの発問

「深める問い」は，「『入口』の問い」について話し合った子どもたちに対し，さらにテキストの関係付けを強化，付加・修正したり，ものの見方や考え方を見直したりできるような授業における核心に迫る発問である。例えば，次のように子どもたちがあまり意識できていない新たな観点からの発問である。

・「ごんは，優しいきつねなのに，なぜいたずらをするのか（矛盾）」
・「大造じいさんが残雪の姿に強く心を打たれたのはなぜか（美しさ）」
・「『ちいちゃんのかげおくり』の作者は最後の場面にどんな思いを込めて書いたと思うか（書き手の意図）」　など

「『入口』の問い」は，「深める問い」につながっていくため，「深める問い」から逆算して考える。子どもたちの実態から，どの子にも取り組みやすい問いかけとなるようにする必要がある。

「深める問い」は，教材分析から生まれてくる。指導者として教科書用指導書から開くのではなく，一人の読者として児童用教科書を読み，心に浮かんだ疑問や感動が，どの言葉のつながりから生まれたものかを分析する。そうすることで，子どもたちに考えさせるべき価値ある問いが見えてくる。

そして，教師が教材を分析するそのプロセスを経験することこそが，子どもたちに経験させるべき課題解決のプロセスのヒントとなってくるのである。

(2) **「深い学び」を実現する「読むこと」における交流**

　全員の子どもたちに、自覚的にテキスト（言葉、図表等）の関係付けをより緊密にさせたり、よりよい読み方へと見直させたりするためには、交流も段階的に行わせていく必要がある（右図）。

　①では、発問に対する「イメージ・結論・評価」などについて、理由を説明することなく、直感的に発言させていく。

　②では、それぞれの「イメージ・結論・評価」の相違が明らかになったところで、どの言葉に着目したのか「根拠（叙述）」を出し合う。

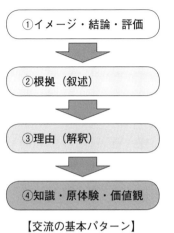

【交流の基本パターン】

　③では、その「根拠（叙述）」から、なぜ①で出した「イメージ・結論・評価」と言えるのか「理由（解釈）」を出し合う。

　④は、いつも話し合うわけではないが、同じ「根拠（叙述）」から異なる「イメージ・結論・評価」や「理由（解釈）」が出された場合や、根拠となる叙述が明示されていない場合などに、それぞれの子どもがもっている「知識・原体験・価値観」などについて出し合わせる。

　このように段階的に交流していくことで、互いの考えの相違がどの段階で生じているのかを明らかにできるとともに、他者の関係付けや読み方のよさなどを自分のなかに取り入れることができる。

　この段階的な交流は、ペアやグループ、学級全体で活用することができる。ペアやグループの場合は、一人が一度にすべてを説明するのではなく、互いに質問や予想をし合ったり、一段階ずつ順番に回して説明したりとルールを設けることで、学力に関係なく、全員の子どもたちが参加することができる。

(3) **全体交流における教師のファシリテーション**

　全体交流の場面では、教師によるファシリテーションが欠かせない。段階的に子どもたちの考えを出させながら、学級全員の子を話し合いに巻き込んでいく必要がある。そうすることで、全員の子どもが、自分の考えを見つめ直し、

他者の視点を取り入れて考えることができるようになる。

　そこで重要なのは，教師が子どもの発言の言葉を分析的に聴くことである。子どもは（大人も）思考のすべてを言葉にしているのではなく，部分的にしか表現していない。教師は，次のように，子どもたちの発言の意図や背景を分析しながら，全体での話し合いを組織していく必要がある。

- この子は何を言おうとしているのか。
- この子はなぜそんな表現をするのか。そのように読んだ原因は何か。（言葉を選択する視点の違いによるものなのか，着目した言葉の違いか，解釈か，基盤となる自身の知識や経験によるものか等）
- 教師がめざす学習のゴールのどこに位置付くのか。その子の解釈はどこまで迫り，何が足りないのか。
- 他の子の考えとどこが違うのか。他の子にいっしょに考えさせるべき点はあるか。
- この子の考えや表現をこれからの展開にどのように生かせるか。

　子どもの発言を分析的に聴いた後，発言の意図や背景を自覚させたり全体へ考えを広げたりするために，必要に応じて「本人への問い返し」や「全体への問いかけ」を行う。また，「意味付け・価値付け・方向付け」をしながら，子どもの言葉の中に垣間見える本人も自覚していない価値ある考えや読み方を認め，全体に返していくようにする。

3 ｜ 実践例

　「ごんぎつね」を教材とした学習で，「場面構成」の観点から物語を読む学習を行った。「『入口』の問い」として，「第4，5場面は読者が感じる悲しさに関係がないのか」を問いかけた。最初の考えは「なくても同じくらい悲しい」が4人，「あった方が悲しい」が36人であった。

　その後，本文の悲しさを感じさせる根拠となる叙述に線を引かせ，ペアと全体で交流の基本パターンの①から③の順で交流した。

全体で，第4, 5場面がある意味について話し合った後で，第6場面とのつながりに焦点化し，「深める問い」として，「『引き合わない』のに，なぜ第6場面でごんはまたこっそりと栗を持っていくのか」について問いかけた。
　下は，学習後の子どものふり返りである。

> 　「ごんぎつね」を読んで読者が切ない気持ちになるひみつを探すために，今日は，場面構成の観点から「第4, 5場面は読者の切ない気持ちに関係があるのか」についてみんなで話し合いました。
> 　わたしは，第4, 5場面は読者に生まれる切ない気持ちに関係があると思います。わけは，この場面があるから，ごんや加助，兵十の本当の気持ちを知ることができるからです。
> 　ぎ問に思ったことは，4, 5場面で，ごんは「引き合わないなあ。」と言っていたのに，なぜ6場面でその明くる日もこっそりくりや松たけを届けに行くのかです。わたしは，みんなのなかには兵十のために続けるという人もいたけど，自分のためだと思います。なぜなら，兵十に悪いことをして，何もしない自分は負い目を感じていたからです。だから，せめてくりや松たけを届ける行動で表したいという気持ちからだと思います。

　この子どもは，最初から「第4, 5場面はあった方が悲しい」という立場だったが，なぜそう思うのかについては言葉にできていなかった。ペアや全体交流を通して，第4, 5場面の意味を考えるために，他の場面と比較する読み方を学び，「ごんや加助，兵十の本当の気持ちを知ることができる」場面であることを見いだした。また，全体交流の中で「負い目」という言葉を見つけ，「引き合わないなあ」というごんの思いと「その明くる日もこっそりくりや松たけを届けに行く」ごんの行動とのつながりを考えることができた。そして，ごんの「つぐない」に対する見方について，負い目を感じている「自分のため」であるという見方へと深まりが見られた。
（交流場面については紙幅の関係上，割愛した。）

【参考文献】
○ 拙著『対話的な学び合いを生み出す　文学の授業「10のステップ」』明治図書，2017年

Keyword
・教師の役割
・構造板書

4 「深い学び」の要素 ファシリテーターとしての教師

神奈川県・相模原市立鶴園小学校　野中太一

1 はじめに

新学習指導要領「総則」第3の1（1）では，「主体的・対話的で深い学び」に向けた授業改善の必要性を次のように述べている。

> 児童が各教科等の特質に応じた見方・考え方を働かせながら，知識を相互に関連付けてより深く理解したり，情報を精査して考えを形成したり，問題を見いだして解決策を考えたり，思いや考えを基に創造したりすることに向かう学習の過程を重視すること。

子ども自らが対象に働きかけ，対話を通して，概念を深化・拡充させていく学びを「主体的で対話的な深い学び」ととらえている。そこで得られた知識は，活きて働く知識として身に付く。それを「オーセンティック（真性）な知」と呼ぶ。「オーセンティックな知」を身に付ける授業をめざす時，ファシリテーターとしての教師の存在が浮かび上がってくる。

2 ファシリテーターと「深い学び」

ファシリテーターの定義は，「中立的な立場で」，「チームのプロセスを管理し」，「チームワークを引き出し」，「そのチームの成果が最大となるように支援する」である。意見が違う人あるいはグループに対して，どちらかに肩入れすることなく，あくまでも話し合いの「プロセス」にかかわるということが語義上の意味である。ファシリテーターが自分の思い通りにその場をコントロール

しようとせず，参加者が率直に，そして存分にやりとりする中で立ち上がってくる相互作用の力を信じる，ということである。話し合いの場であれば，最終的な結論は参加者が自ら導き出すことであり，ファシリテーターがいわゆる「落とし所」にもっていくのでは決してないということとある（『ファシリテーター行動指南書』　三田地真美著　ナカニシヤ出版 2013）。

　「深い学び」を実現するためには，上記のような教師の構えが必要になる。この時，教師は本時の指導内容（コンテンツ）と同時に，汎用的な資質・能力（コンピテンシー）をはぐくむことをねらいとする。汎用的な資質・能力を私は次のようにとらえている。

○自分なりの疑問や課題をもつ。
○目的を意識して何をすべきか（何が必要か）を考える。
○比較，分類，類推，仮定等の思考を働かせて，課題と自分の考えを関係づけて解決しようとする（例えば，比較という思考を働かせて，対象の共通点や相違点に気付き課題を解決しようとする）。
○目的に合った根拠をもち，自分の考えを決める。
○相手の立場や考えに応じて自分の思いや考えを伝える。相手の立場や考えの基となる前提を慮って相手の発言を聞く。
○学びを振り返って身に付いた力を認識する。

　「深い学び」とは，上記の汎用的な資質・能力をはぐくむ過程で「オーセンティックな知」を身に付ける学習過程と言い換えることができる。ファシリテーターとしての教師には，次の六つの心得と六つの役割が必要となると考える。

◆**ファシリテーターとしての教師の六つの心得**
①内容（コンテンツ）目標と能力（コンピテンシー）目標をもつこと
②常に「なぜ？」と問いかけること
③「外のプロセス」と「内なるプロセス」を分けて観察すること
④安心・安全な場を確保し，子どもの真意をはかること

⑤中立であることと子どもの相互作用を信じること
⑥プロセスループを絶えずもっていること

◆**ファシリテーターとしての教師の六つの役割**
①ゴールを明確にする。
②「問いかけ」をする。
③子どもの発言を構造的に板書する。
④自分の考えをまとめて書く時間を確保する。
⑤本時の成果と課題を具体化する。
⑥記録を共有する。

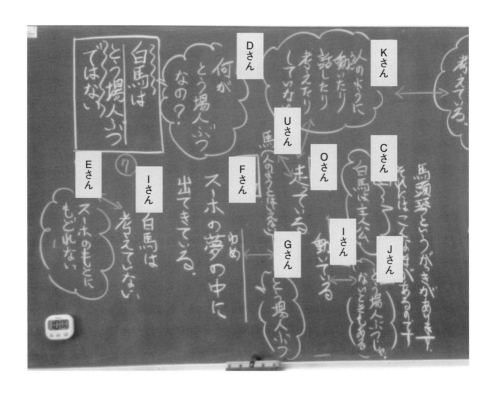

3 ファシリテーターとしての教師の役割　③「子どもの発言を構造的に板書する」

　本来、この項ではファシリテーターとしての教師の六つの心得と六つの役割の具体について述べたいのだが、紙面の都合で項題の一つに絞ってお伝えすることにする。

　下の板書は、2年生の「スーホの白い馬」の授業のある時間のものである。この時間の課題は、「白馬は、登場人物か、登場人物ではないか」を考えることであった。

　子どもの発言がどのようにつながり、結びつき、またはかかわりなく独立しているのか、そういった話し合いの構造が目に見えるように板書することを構

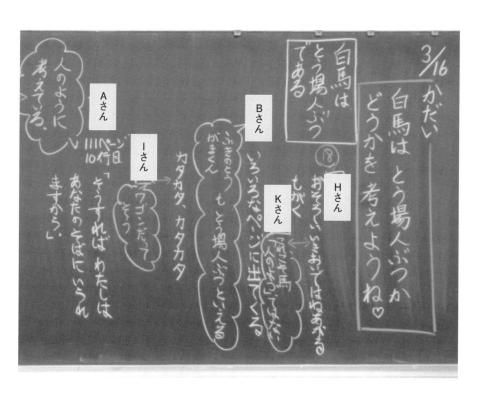

造板書と言う。構造板書とは，話し合いの可視化である。往々にして，話し合いは空中戦になるので，発言した内容がどんどん消えていってしまい，何を話し合っていたのかそのプロセスもよくわからなくなることが多い。構造板書は，そのリスクを最小限に留めることができる。黒板には，今，何が話題になっているかがオンタイムで書かれているので，子どもたち全員が話し合いの土俵に乗って考えることができる。また，なぜ，その話題になったのかのプロセスも見え，これからどこに向かうのかの目標も書かれているので，子どもが話し合いの見通しをもつことができる。

教師にとって，構造板書は，「子どもの話をよく聞く」という何よりの練習となる。人は相手の話を自分なりに解釈して聞いてしまうことがある。それは，教師にとって致命的なことである。まず子どもが言おうとしていることそのものをしっかり理解するために，その子の発言をそのまま書き取ることは大切なことである。

構造板書を心がけていると，自然に子どもの対話がどのようなつながり方をしているのかに意識が向くようになる。すると，子どもの発言を内容（コンテンツ）面だけでなく，能力（コンピテンシー）の面からも価値付けすることができる。能力面からの価値付けこそが，汎用的な資質・能力をはぐくむもっとも大切な手立てとなる。

構造板書は，子どもにとって次のようなメリットがある。
・自分の意見をきちんと取り上げてもらえたという安心感があること。
・その安心感から，自分の考えに対する執着から離れて，友達の意見を踏まえながら考えを深められるようになること。

授業は，なかなか面白い展開になった。「白馬は登場人物である・ない」と考える子の，それぞれのよりどころがいくつもあったことがわかったからである。授業は，次第に登場人物の定義に基づき「人のように動いたり話したり考えたりしている」かどうかに収束されていった。そのなかで語り手や夢のとらえ方が共有されていった。

4 おわりに

　単元の終わりに,「『スーホの白い馬』を学習して」という題で振り返りを書く活動を組んだ。下の文章は,そのときにある子が書いたものである。書く時間を十分に確保してあげられなかったので,文章は途中になっているが,この子の振り返りは素晴らしいと私は感じている。

　「深い学び」とは,「オーセンティック(真性)な知」を身に付けることだと述べたが,この子は,〈登場人物〉〈中心人物〉〈物語は基本的には,最後に中心人物が幸せになるか不幸せになるかというお話〉〈出来事・事件〉という学習用語を「オーセンティックな知」として身に付けたと言ってよいと考える。

　この子の学びは,ファシリテーターとしての教師を心がけて取り組んだ授業で,仲間との対話を通して得られたものである。『スーホの白い馬』と『シング』を類比して述べる視点も素晴らしい。

　教師が,ファシリテーターの要素を意識して取り組むことが,「深い学び」につながると言えそうである。

ぼくは,ほかのお話で,ならったことをやってみたいです。たとえば,きのう見に行った『シング』の〈ちゅうしん人ぶつ〉は,バスター・ムーンです。〈とうじょう人ぶつ〉は,ナナたちです。さいごにしあわせになっていると思います。だって,さいごたくさんの人にあつまってもらったからです。〈できごと・じけん〉では,バスター・ムーンが音楽のオーディションをやるといって,＄1000をやる,というのがパソコンのまちがいじゃなくて,だれかの目が

【『スーホの白い馬』学習後の感想　2年生】

Keyword
・「参加」と「活躍」 ・共有

5 「深い学び」へ向かうための「発問」とは？ 「参加」から「活躍」への道筋をつける教師の役割

高知大学教育学部附属小学校　田中元康

1 「深い学び」へ向かうとは

　子どもが問題発見をし，主体的に解決に取り組む「深い学び」へ向かうためには，子どもが授業へ「参加」し，そして「活躍」できるようにする道筋を教師がつけていくことが必要だと考える。

　「参加」は，子どもが学習対象への興味をもち，学習対象へのかかわろうとすることである。「参加」を促すためには，学習材との出合わせ方の工夫や「見方・考え方」を働かせることができるような学習課題の設定といった働きかけを教師はおこなっていく。もう一つの「活躍」は，授業の始まりの頃と比べて発言する子どもの数が増えるといった状況と共に，一人の子どもの表現について周りの子どもが"手がかり"として受けとめようとしている状況が生まれていることを指す。そのため，一人が発言したことについて，「なるほど」や「あっ，そういうことね！」といったつぶやきが聞かれるようになる。教師は，子どもたちの「参加」の状況を"みて"，モデルになるような評価の言葉を返すことや，ゆさぶる発問をする等の役割を果たすことを通して，子どもが「活躍」できる道筋をつけていくのである。

　こういう「参加」から「活躍」の状況は，対話的であり，問題解決の過程をたどるようになり，必然的に，学習に取り組む子どもの姿は主体的になる。以下，「参加」「活躍」についての4年生「案内係になろう」（東京書籍4上）の実践を通して，教師の役割について述べていく。

2 | 4年生「案内係になろう」の実践

　本単元は，尋ねられたことを聞き取り，その質問の目的を考え，必要な事柄を選んで丁寧に話すことができる力をねらいとし，学習指導要領A（1）イ「相手や目的に応じて，理由や事例などを挙げながら筋道を立て，丁寧な言葉を用いるなど適切な言葉遣いで話すこと」を受けている。これまで子どもは，3年生の時に自分の嬉しかった体験を話すという学習「話したいな，うれしかったこと」（東京書籍3上）を経験している。そこでは，自分の伝えたいことを絞って話すことや具体的な事柄を話すといった話を組み立てることを学習してきた。本単元においては，3年生での学習を踏まえ，相手からの質問に答えるという場面においての話す力を身に付けることをねらいとしている。

　本教材においては，水族館の案内係になるという設定で，前記の案内係用の資料が示されている。その資料は，【館内地図】【えさやりとショーの時間】【館内での食事】の三つからなる。また実際に案内係をしている挿し絵が載っている。これらの資料や挿し絵をもとに案内係をするという活動をイメージすると共に，その資料を読み取り，質問に対する適切な答えを考えることができるようになっている。

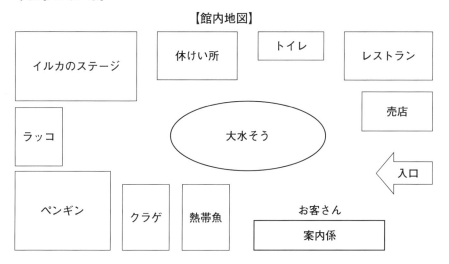

【えさやりとショーの時間】えさやり（1回15分間）

えさやり	1回目	2回目	3回目
ラッコ	午前10時	午後1時	午後4時
ペンギン	午前10時30分	午後2時30分	
大水そう	午前11時	午後3時30分	

ショー	1回目	2回目	3回目
イルカ	午前10時	午後1時	午後3時

【館内での食事】

レストラン（正午から午後1時は人が多く，行列ができる。）
売店（おみやげ，食べ物，飲み物を買うことができる。）
休けい所（食べ物をもちこむことができる。）

　本単元は，全4時間で構成した。第一次第1時において，「すばらしい案内係になろう」という単元の目標を示し，「すばらしい案内係」はどのような答えをするのかを考える。そして，第二次第2時では，案内係用の資料をもとに質問を考えたり，その質問をもとにした案内の言葉を考えたりする。そして，実際に水族館の案内係やお客さんになって，質問をしたり案内をしたりする。その後，第三次第3・4時では，水族館の案内係以外の場面（縦割り掃除で下級生に新しく変わった掃除場所を教える，廊下で来客の方に場所を質問されるなど）で質問に答えることに挑戦させていく。そうして，相手の知りたいことをとらえて，必要な事柄を丁寧に話すことができたかを振り返る。これらの活動を通して，相手や目的に応じて，理由や事例などを挙げながら筋道を立て，丁寧な言葉を用いるなど適切な言葉遣いで話す力を身に付けていってほしいと考えている。

5 「深い学び」へ向かうための「発問」とは？ 67
「参加」から「活躍」への道筋をつける教師の役割

　本時は，第1時の「案内係になろう」という単元の目標をつかむことを目的とした学習である。

(1) **「参加」を促す教師の役割～学習対象に興味をもつ"しかけ"を設定する～**

　まず子どもに，「水族館の案内係になり，来館したお客さんからの質問に答えよう」という問題場面と前記の案内係用の資料（【館内地図】【えさやりとショーの時間】【館内での食事】）を提示した。その際，以前この学習をおこなった際に，**「ペンギンのえさやりを見たいのですが，どこに行けばいいですか？」という質問が出たんだけれど，**ある子どもの案内係の受け答えを聞いた周りの友達から，「『すばらしい案内係だ！』と褒められたんだって」と伝え，「すばらしい案内係と言われた答え方ってどんなものだったのだろう」と投げかけた。そうすると，子どもからは「どんな答えだったの？」といったつぶやきが聞かれた。その一方で，「わからない」と困っている子どもの姿もあった。そこで，次のような受け答えの文章を示した。

【「ペンギンのえさやりを見たいのですが，どこに行けばいいですか？」という質問に対して】

①
②　ペンギンのえさやりは，ペンギンの水そうで見られます。
③
④

---

　②の答えを見た子どもからは，「当たり前の答えだ」という声が挙がった。その声を受けて，「もちろん，②だけでは，すばらしいとは思われないよね」と言って，「他の言葉を考えよう」と投げかけた。

　資料を提示するだけでは，子どもたちみんなが案内係をしたいとは思わないであろう。"すばらしい案内係の受け答えは4文"といった手がかりを示すことで，子どもは，問題解決の見通しをもち，案内係をすることへの興味を示すようになった。また，本時の学習において，「すばらしい案内係の受け答えが

あるのだ」という目標を示すことも「参加」を促す手だてである。正解までの見通しを示すこと，そして，正解に近づくまでの手がかりを示す"しかけ"をすることで，「案内係の受け答えを考えたい」と，子どもの思いをくすぐるのである。

(2) 「活躍」できるようにする教師の役割〜表現を価値づけてモデル化する〜

【「ペンギンのえさやりを見たいのですが，どこに行けばいいですか？」という質問に対して】（※下線部は虫食いにしている。）

① <u>ペンギンのえさやりですね。</u>
② ペンギンのえさやりは，ペンギンの水そうで見られます。
③ ペンギンの水そうは，<u>そちらから見て右</u>にあります。
④ <u>熱帯魚</u>の水そうの前を通って，まっすぐ進んだつき当たりです。

　受け答えのうち，③→④→①の順に考えていった。まず，③の隠している言葉の中で，「右に」だけを見せた。「えっ，右ってどういうこと」とつぶやく子どもだけではなく，館内地図のプリントを見る子どもがいた。その姿を取り上げて，「すてきな考え方をしている」と評価した。でもまだ反応する子どもがいなかったので，「見て」も見せた。すると，「わかった！」という子どもがいて，「"お客さんから見て右に"だ！」と言った。それを聞いて，「ああっ，そういうこと」という声も上がった。この時，正解を見つけた子どもだけを評価するのではなく，「ああっ」と言った子どもも「すばらしい！」と評価の声を掛けた。友達の発言を手がかりにして問題解決へ取り組んでいることを評価したのである。そうして，④の虫食い文を示して，「ここに入るのは？　そう"熱帯魚"だね」と示した。すると，「あっ，すばらしい案内係の意味がわかったかも」という声が聞こえた。その子どもに続けて発言するよう促すと，「お客さんのことを考えている」と言った。これは大正解である。この時，「その通り，よくできました」と言ってはならない。なぜなら，その正解の意味がわからない子どももこの時点で多くいる可能性があるからである。正解が出てきた時こそ，他の

子どもをよく見なければならない。そして，まだ理解ができていない様子が見られたら，正解の意味を「共有」する働きかけをおこなっていく。それは，正解を言った子どもの発言を，周りの子どもたちに"自分の言葉で発言させる"ことや，正解を言った子どもに再度発言させていくのである。このときは，他の子どもから「○○君の言ったことの意味は，案内係の側ではなく，お客さんの側で考えている」という発言が出てきて，「"お客さんの側"という新しい言葉も出てきた」とさらに価値づけるようにした。そうして子どもたちは，①もお客さんの言葉を再度確認するための言葉として見つけていった。

　「活躍」とは，正解を表現することだと押さえてしまうと，それは教師側からの"かつやく"に過ぎない。正解の表現を価値づけてモデル化するといった教師の役割を果たすことで，正解の発言は周りの子どもにとっての「活躍」となり，「○○君の発言からわかった・できた！」という思いが教室の中で膨らみ，子ども同士の「主体的・対話的な学び」の成立につながるのである。

Keyword

- 見方
- 考え方
- 認識の分化, 深化

6 「見方・考え方」の変容による学びの深化

新潟県・新潟市立万代長嶺小学校　井上幸信

1 「見方・考え方」と「深い学び」

　中央教育審議会『幼稚園,小学校,中学校,高等学校及び特別支援学校の学習指導要領等の改善及び必要な方策等について（答申）』(2016.12.21)では,「深い学び」を以下のように定義している。

> 　習得・活用・探究という学びの過程の中で,各教科等の特質に応じた「見方・考え方」を働かせながら,知識を相互に関連づけてより深く理解したり,情報を精査して考えを形成したり,問題を見出して解決策を考えたり,思いや考えを基に創造したりすることに向かう学び。

　ここでは「各教科等の特質に応じた『見方・考え方』を働かせ」ることが,知識の深い理解や考えの形成,問題解決等の「深い学び」を具現する前提として示されている。
　本稿では「見方・考え方」を軸に「深い学び」について考えることとしたい。

2 国語の「見方・考え方」

　例えば,小学校に入学したばかりの子どもには,「物語文」「説明文」というような文種という認識はない。彼らが就学以前の生活経験から得ている「（本に載っている）たくさんの文字のまとまり」を指す言葉は「お話」くらいではないだろうか。小学校に入学し,国語の教科書を使って学ぶ。最初のうちは,単文・短文しか出てこない。しかし,徐々に「たくさんの文字のまとまり」と出合うことになる。

(1)「物語文」と「説明文」の分化

　光村図書の教科書を使用している場合，最初に出合う「たくさんの文字のまとまり」は物語文「はなのみち」である。これは，就学以前から子どもたちが親しんでいるであろう「絵本」という形式に限りなく近い。そのため，子どもたちは自然に「はなのみち」という「お話」だと受け止めるであろう。

　次の「たくさんの文字のまとまり」は説明文「くちばし」である。「くちばし」は，最初の話題提示の文以降は【問い―答え―説明】という構成を繰り返す。これまで子どもたちが親しんできた「お話（＝物語文）」とは書きぶりが全く異なる。ここで，子どもたちの「たくさんの文字のまとまり」についての「見方・考え方」が変容する。

　かつて実践したとき，「くちばし」を読んだある子どもは「この『お話』，クイズみたいだね」と発言した。この気付きは「くちばし」がこれまでに出合った「たくさんの文字のまとまり」とは違う読後感（違和感）から来たものであると考えられる。

　その発言を受けて「どうしてクイズみたいだと思うの？」と問うた。子どもたちは各意味段落の構成を確かめながら「『これはなんののくちばしでしょう』って問題を出しているから」「『これは○○のくちばしです』みたいな答えを言っているから」「答えの後で色々教えてくれるのも，テレビのクイズみたいだ」というように，「クイズみたいな『お話』」だと感じる理由を挙げていった。

　このような流れで説明文「くちばし」について理解した後で「『くちばし』はクイズみたいな『お話』なんだね」「今までに国語の授業で読んだ『お話』とは違うんだね」と投げかけた。すると，子どもたちは口々に「違う」と言い，その理由を説明していった。主な理由は「人や動物がしゃべったり遊んだりしない」「どきどきしたり，ほっとしたりしない」「色々なことを教えてくれる」等であった。授業では，これらの発言を整理して「物語文」「説明文」という文種の別を確認した。

(2)「見方・考え方」の変容

　このような学習過程を経ることで, 子どもの「たくさんの文字のまとまり (文章)」に対する「見方・考え方」の変容が促される。

　「くちばし」の学習以前, 子どもたちは「たくさんの文字のまとまりは『お話』だ」という（文章に対する）「見方・考え方」をしていた。それが, 授業を経たことで「たくさんの文字のまとまりには『物語文』と『説明文』がある」「人や動物がしゃべったり遊んだりして, 読んでいるとどきどきしたりほっとしたりする『お話』は『物語文』だ」「クイズのように問題と答えがあって, 色々なことを教えてくれる『お話』は『説明文』だ」という「見方・考え方」へと変容している（図1）。

　「見方・考え方」の変容とは, 新たな観点や知識を得ることで, 物事に対する認識が分化, 深化することだと考える。「読むこと」の授業であれば, 学習対象である文章の叙述や表現, 構造等について発見したり, 考えたり, 学んだりすることを通して, 文章の読み方や書き方についての認識を新たにすることである。叙述や表現, 構造等を分析したり理解を深めたりすることで, 漠然とした認識を少しずつ少しずつ精緻に, 深くしていくことである。

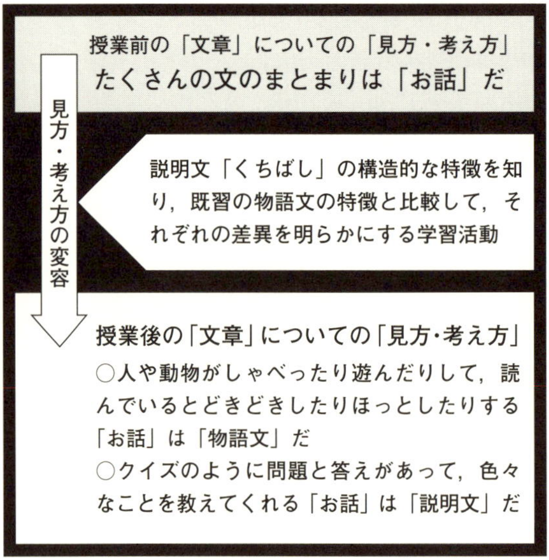

見方・考え方の変容

授業前の「文章」についての「見方・考え方」
たくさんの文のまとまりは「お話」だ

↓

説明文「くちばし」の構造的な特徴を知り, 既習の物語文の特徴と比較して, それぞれの差異を明らかにする学習活動

↓

授業後の「文章」についての「見方・考え方」
○人や動物がしゃべったり遊んだりして, 読んでいるとどきどきしたりほっとしたりする「お話」は「物語文」だ
○クイズのように問題と答えがあって, 色々なことを教えてくれる「お話」は「説明文」だ

図1【見方・考え方　変容のイメージ】

3 | 「見方・考え方」を変容させる授業のフレーム

　図1は,「見方・考え方」の変容を促す授業を考えるための簡単なフレームに,文章についての「見方・考え方」の変容の事例を当てはめたものである。このフレームの基本形は図2の通りである。

　このフレームを用いて「見方・考え方」の変容を促すためには,まず,子どもたち授業前の学習対象,内容についての「見方・考え方」(図2の①)の把握が必要である。次に,授業後の学習対象,内容についての「見方・考え方」(図2の②)をどのように変容させたいかを考える。

　そして,その変容を促すためには,どのような学習活動(図2の③)を組めばいいかを考えていく手順となる。

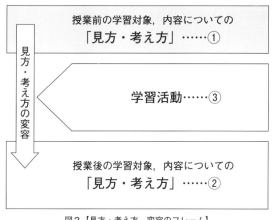

図2【見方・考え方　変容のフレーム】

　授業前・授業後の「見方・考え方」の変容の幅が大きければ大きいほど,学習活動を通して子どもたちが発見したり,考えたり,学んだりすることの量は多くなる。逆に,変容の幅が小さければ,発見したり,考えたり,学んだりする負担は小さくなる。

4 | 「見方・考え方」の変容による学びの深化

　東京書籍3年の教科書に「ゆうすげ村の小さな旅館」という物語教材がある(これは,茂市久美子氏の同名の書籍の第一章「ウサギダイコン」を教科書収載のために改変したものである)。教科書では「お話のしかけ」として伏線を読むことを学ぶ単元と位置づけられている。

この単元以前，子どもたちは伏線を読むという物語文との接し方（＝「見方・考え方」）は授業では経験していないし，読書生活の中で経験があったとしても，無自覚だと考えられる。そのような子どもに，授業を通して「ゆうすげ村の小さな旅館」にちりばめられたたくさんの伏線を見いださせ，それらを結んで作品を読ませていく（学習内容の確認が下段の板書写真右側1／3）。

　この学習活動を先に提案したフレームに当てはめると図3のようになる。

　子どもは，学習前には「書かれていることを順番に読めば内容が分かる」という「見方・考え方」をしていた。しかし，そのような読み方では「なぜ，ここにこの内容が書かれているのか」が判然

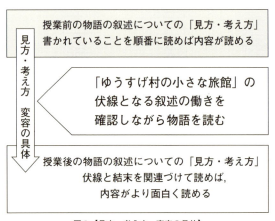

図3【見方・考え方　変容の具体】

としない叙述が複数出てくる。これらの叙述から感じる違和感を解決するために読む活動を通して伏線の働きを学習する。すると，「見方・考え方」は「伏線と結末とを関連づけて読めば，内容がより面白く読める」へと変容する。

　このような「見方・考え方」に至った子どもに，書籍『ゆうすげ村の小さな旅館』の別章「帽子をとらないお客様」を読ませた。書籍『ゆうすげ村の小さ

な旅館』は，どの章も伏線をとらえることで内容をより面白く読めるものとなっている。初読で子どもたちが着目した叙述や，叙述についての考えをまとめたものが，板書写真の左２／３である。

　子どもが，初読の段階から伏線（子どもの言葉では「お話のしかけ」）に着目していることがわかる。

　さて，ここで本稿冒頭で示した答申の文言を確認したい。

> 　習得・活用・探究という学びの過程の中で，各教科等の特質に応じた「見方・考え方」を働かせながら，知識を相互に関連づけてより深く理解したり，情報を精査して考えを形成したり，問題を見出して解決策を考えたり，思いや考えを基に創造したりすることに向かう学び。

　ここまでに述べた実践の中での子どもの姿は，「伏線と結末を関連づけて読めば，内容がより面白くなる」という「見方・考え方」を働かせながら情報を精査して考えを形成することの具体である。

　国語の授業の場合の「（学習）対象」は，例えば「読むこと」単元の場合は教材文となる。その教材文を読む際に，愚直に「順番に読む」か，叙述の違和感に着目して「伏線を読む」かで，当然「（学習）対象」との関わり方は変わってくる。後者のように，より多角的・多面的な「見方・考え方」に基づいた読み方をした方が，精緻に，複雑に読むことにつながることは，改めて言うまでもない。

　言葉の力は「知識・技能」として括れば，ある程度は分化，系統化することができる。しかし，その「知識・技能」を実際に「思考・判断・表現」につないで活用するためには，一つ一つの「知識・技能」がもつ言葉としての働きや意味，効果などを生きて働く言葉の力として身に付ける必要がある。

　「知識・技能」を活用可能な「生きて働く言葉の力」へと昇華させていくための過程で子どもたちが身に付けていく言葉への向き合い方。それこそが「見方・考え方」であり，「深い学び」を実現するための必須条件であろうと考える。

Keyword
・言葉による見方・考え方
・交流
・振り返り

7 国語科の深い学びについて考える
―本時は，言葉による見方・考え方が働いたか―

三重県・四日市市立大谷台小学校　倉田浩子

　今春，次期学習指導要領の告示がなされた。「主体的・対話的で深い学び」。わたしたちは，この学びをどのように授業の場で具現化すればよいのだろうか。
　「言葉による見方・考え方」という文言に着目して，今後の授業づくりについて探ってみたい。

1　深い学びの重要な視座となる「言葉による見方・考え方」

　次期学習指導要領（案）の国語科の目標は，以下のように示されている。

> <u>言葉による見方・考え方を働かせ，</u>言語活動を通して，国語で正確に理解し適切に表現する資質・能力を次のとおり育成することを目指す。
> (1)　日常生活に必要な国語について，その特質を理解し適切に使うことができるようにする。
> (2)　日常生活における人との関わりの中で伝え合う力を高め，思考力や想像力を養う。
> (3)　言葉がもつよさを認識するとともに，言語感覚を養い，国語の大切さを自覚し，国語を尊重してその能力の向上を図る態度を養う。

　答申において，「見方・考え方」とは，「**各教科等の特質に応じた物事を捉える視点や考え方**」であると端的に示された。
　また，「国語科の言葉による見方・考え方」とは，「<u>自分の思いや考えを深めるため，対象と言葉，言葉と言葉の関係を，言葉の意味，働き，使い方等に着目して捉え，その関係性を問い直して意味付けること</u>」であるとまとめられている。

すなわち，国語科においては「言葉による見方・考え方」が働く授業になっているかどうかが，深い学びとして成立しているかどうかを見極める重要な視座となるということである。

自分の思いや考えを深めるため，対象と言葉，言葉と言葉の関係を，言葉の意味，働き，使い方等に着目してとらえ，その関係性を問い直して意味付けるような授業づくりには，どのようなポイントが大切なのだろうか。

2　授業実践から見えてきたこと

昨年度の３年生での授業実践を一つ例に挙げて，「言葉による見方・考え方」が働く授業が成立していたかどうか検証してみる。

授業の概要
○学習材　　『冬眠する動物たち』（学校図書３年下）
○本時の指導について
(1) 目標
　⑪段落の必要性をクリティカルに検討することを通して，文章のつながり具合について根拠や理由づけを明らかにして自分の考えを説明することができる。
(2) 本時の展開（主な学習活動）
・「あなたは⑪段落が必要だと思うか」について考え，自分の立場を決める
・自分の考えを発表し，問題解決の見通しをもつ
・互いの考えを交流し，問題解決を図る
・⑪段落の必要性について本時で考えたことを交流する
・本時で学んだことを振り返り次時につなげる
(3) 指導者の意図及び子どもたちの様子

この題材は，さまざまな動物たちが，厳しい冬を乗り切るためのそれぞれの様子について説明している文章であり，ツキノワグマ・ヒグマのことが書かれている⑪段落の必要性を検討することで，最も文章全体のつながりに目を向けて考えることができる学習が成立すると指導者は考えた。

子どもたちは、⑪段落は①段落の問いの文「動物たちは、どこでどうやって、冬をこしているのでしょう。」とつながっており、クマの雌が冬眠中に巣の中で出産し子育てをするという特徴的な事実を知ることができるから「⑪段落は必要だ」と、問いとつなげて考えた。

　また、反対に、⑪段落は⑬段落のまとめの文「内温性動物はエネルギーを節約するために冬眠する」という記述とつながらず、事例としてふさわしくないから「⑪段落は必要ではない」と、まとめとつなげて考えた子どもたちも多くいた。

交流場面の授業記録より（抜粋）

C1　わたしは、必要だと思います。なぜかというと、⑪段落はツキノワグマやヒグマのメスや子どものことを話しています。確かに⑪段落はまとめの段落とはつながっていません。でも、⑪段落は問いにつながっていて、⑩段落だけでは分からないクマの冬の過ごし方を言っているのでわたしは⑪の段落はいると思いました。

C2　ぼくも、⑪段落は必要だと思います。どうしてかと言うと、筆者は「内温性動物のツキノワグマ・ヒグマのメスは冬眠をしている途中に子育てという特別なことをするんだよ」とも伝えたいから書いたとぼくは思ったので、特別なことを伝えるために⑪段落は必要だと思います。

C3　わたしは、⑪段落は必要じゃないと思います。みんなの話を聞いて、必要だなあと思ったときもあるけれど、やっぱり必要じゃないと思いました。それは、⑬段落は内温性動物のまとめなんだから、主張や問いとのつながりも大事だけれど、事例はまとめの⑬段落とつながらないとダメと思うから⑪段落は必要ないと思いました。

C4　ぼくは、必要だと思います。筆者は、クマの中にツキノワグマ・ヒグマは具体で入っているから、「⑩段落のクマと⑬段落は大きくつながっているからもういいや」と思って⑪段落では⑬段落とつながることをわざと書かなかったんだと思います。

C5　わたしは、必要だと思う。だけど、必要じゃないと思う人もいると思います。だって、内温性動物の全部を⑬段落はまとめているのに、ひとつだけ

> エネルギーを節約している事例じゃないから「あれ?」と思うんじゃないかな。でも,わたしはやっぱり⑪段落がある方がこの文章はおもしろいなと思います。

(4) 板書記録

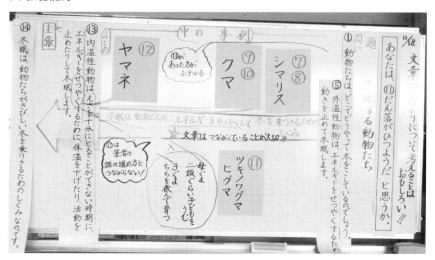

(5) 授業の考察

> ①「本時は,言葉の関係性について問い直したくなる学習が成立していたか。」

　文章全体のつながりを考えさせるために,⑪段落の必要性をクリティカルに検討させたことは,題材の論理を活かすことができ有効だった。

　初読から感じていた⑪段落の内容への違和感やずれ感は,最後まで子どもの問題意識を喚起し揺さぶる上で効果的に働き,結果として「子どもが問い直し,考えたい問い」として問題が成立した。必要か否かの意見はほぼ半分に分かれ,26人中,必要だという子が13人,必要なしの子が8人。どちらの意見もわかるとまとめた子が5人だった。この人数バランスも,多面的に考える上で効果的に働いた。

　意見交流場面では,前述のように,必要だという子も必要ではないという子

も筋道を立てて表現することができ,互いの考えの理由づけも聴き合い考え合うことができた。

やはり,付けたい力を明確にして,論理をとらえて題材研究を行い,子どもが感じた違和感やずれ感を大事に授業に持ち込み,学習活動を展開していくことが,言葉の関係性について問い直したくなる授業が成立するポイントであることが確認できた。

② 「本時は,言葉の関係性について意味付ける学習が成立していたか。」

本時では,これまでの学習経験から,「段落の必要性を考える」ということは,「その段落と他段落のつながり具合を考えることだ」という見通しを導き出し,学級としてその問題解決の方法を共有して考えることができた。

子どもは,終始⑪段落を足場にして,問いや事例のまとめ,主張とのつながりについて整理し考え,それぞれの意見を交流した。その過程で「よい文章とはどのようなものか」について自分の言葉で文章観を語り意味付けることができた。

また,授業の最後,「今日は何について考えたの?」という指導者の問いかけに対して,学習材名や問題だけで終わることなく「文章のつながりについて考えた」と本時の学びを一般化し,「みんなで文章のつながりについて考えることはおもしろい。」という思いを共有することができた。

「言葉による見方・考え方」が働く授業づくりのポイント

・付けたい力を明確にして,論理をとらえて題材研究を行う。
・子どもが感じた違和感やずれ感を大事に授業に持ち込む。
・系統的・計画的に,関係を整理し,自分の考えを論理的に表現する学習を積み上げる。
・関係について整理する力を磨き合う交流や振り返りの質的向上をめざす。

今後も，各学年において系統的・計画的に，対象と言葉や言葉と言葉の関係を整理し，自分の考えを論理的に表現する学習を積み上げ，関係について整理する力を磨き合う交流や振り返りの質的向上をめざすことが，言葉の関係性について意味付ける学習が成立するポイントであると考える。

振り返り場面の授業記録より（抜粋）

あなたが考えるよい文章とはどのようなものか？

問い→中の事例→まとめ→主張と全体が筋道立ててつながっているのが，分かりやすくてよい文章だと思う。

まとめの段落は，やっぱりどの事例ともつながっていてほしいなあ。

問いの段落は，話題に引き込む役目が強い場合もあって，後の文章にあまりつながっていないときもあるかも。

つながっていない場合でも，筆者がどうしても書きたい事例だったのかもしれないし，それを書くほうが主張が伝わるよと思ってわざと書いたのかもしれないよ。

みんなで文章のつながりについて考えることはおもしろい！！ またやりたい。

3 まとめ

答申に挙げられた，「見方・考え方」は，「各教科等を学ぶ本質的な意義の中核をなすもの」であり，今後の授業改善のキーワードであることはもちろん，子どもたちが社会に出た後でも，さまざまな事象をとらえたり考えたりする際に働く，教科等の教育と社会をつなぐものとなる。

今後も，新学習指導要領が示す「主体的・対話的で深い学び」について考え，「言葉の関係性を問い直して意味付ける力」をはぐくむ授業づくりについて模索していきたい。

Keyword

- 交流
- 思考の過程

8 「深い学び」が生まれるための「交流」活動

神奈川県・小田原市立曽我小学校　岩立裕子

1 国語授業における「深い学び」とは

　新しい学習指導要領でポイントとなる「深い学び」。国語科に限らず、どの教科の学習でも共通して言えることは、「自分の思考の過程を正しく把握すること」が「深い学び」につながるということだと考える。国語授業に限定すると、次のように表現することができる。「何がわかって、何がわからないのか。どの言葉もしくは誰の言葉がヒントになって、どのように考えが変わったのか、もしくは明確になったのか。このような思考の過程を正しくわかること」が「深い学び」につながる。つまり、メタ認知能力が大きくかかわると考えられる。

　その際、一人で考えをめぐらせて思考の過程を把握していくこともできるが、特に、何か課題に対して解決していく活動の中では、人との会話の中で自分の考えに変化が生まれることが多い。人に伝えようと話すことで、自分は何を考えていて何を伝えたいのか、さらに、どのように話したら伝わるのかを何度も考えながら話す行動が「深い学び」につながる（図1）。

2 「深い学び」を成立させるための「交流」とは

　そのため、「深い学び」を成立させるために、「交流」活動は不可欠である。「交流」は双方向の活動なので、自分の考えを伝えるためにどのような言葉でどのように話すかと考える思考の過程だけでなく、当然、相手の考えを聞きながら、もしくは聞き出しながら、自分の考えと比べるという活動も行われる。自分が発した情報によって相手の思考に刺激を与え、相手が発した情報によって自分の思考に刺激を受ける。この双方向のやり取りが成立した上で、改めて自分の

考えと向き合うことにより,「深い学び」が成立する。「交流」による思考の過程と「深い学び」は,次のように示すことができる(図2)。

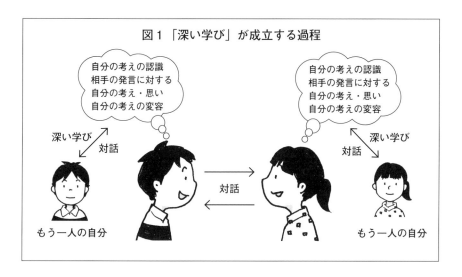

図1 「深い学び」が成立する過程

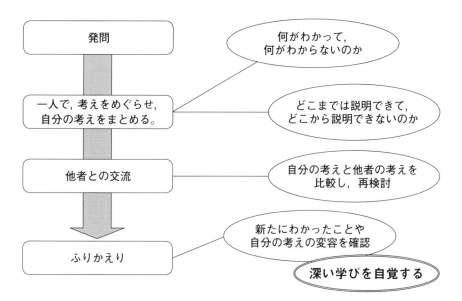

図2 「交流」活動による思考の過程

3 │ 「交流」活動を成立させるための基礎

「深い学び」につながるための「交流」活動を成立させるために必要な基礎として，次のものが挙げられる。
・手がかりとなる知識
・自分の考えと向き合う力
・理解する力，伝える力，聞き出す力

(1) 手がかりとなる知識

「交流」活動で，深まりのないものになってしまう場合，子どもたちに手がかりとなる知識がないことが多い。これまでの学習経験や，問題を解決するためのヒントになる知識がないために，何をどのように考えていいのかわからない状態である。子どもが「深い学び」につながる交流ができるように教えておく知識と，子どもが交流する中で自ら発見する知識を教師側が明確にしておく必要がある。

ここで，「にせてだます」と「合図としるし」(学図3年上)の実践を例に挙げる。プレ教材文「にせてだます」の読み取りでは，「なか」の部分がいくつに分かれているか，つまり，事例がいくつ挙げられているかを考えた。「具体的な名前」，「これは，」で始まる段落が繰り返されていることに気付くことで，事例が二つ書かれていることを読むことができた。この経験から，文章中で繰り返されて登場する言葉に注目すると，読み取る手がかりを見つけられるという知識を得た。

そして，「合図としるし」の教材文を読んだ際，「にせてだます」の学習経験が知識として身に付いている子どもは，「具体的な言葉」，「これらは，」，「このように，」の順に言葉が繰り返されていることに注目すれば，事例は四つだと考えた。しかし，繰り返しの言葉に注目できても，繰り返される順番にまで目を向けられなかった子どもは，「このように，」は「おわり」の意味段落の最初に書かれているという知識を根拠に，事例は五つだと考えた。さらに，「にせてだます」の教材文のように事例は二つだという知識を身に付けてしまってい

た子どもは,「音の事例」「色の事例」と「数字の事例」「形や絵がら,記号の事例」の二つに分けた。このように,三つの考え方が出され,他に,「考えがまとまらない」という子どもたちもいたので,合わせて四つの立場が確認できた。
　そこで,同じ立場の子どもたちが集まり,相手を説得させるための根拠を確認する時間を設定した。根拠がはっきりせず事例を分けた子どもたちは,この段階で,自分の考えに根拠を見いだすことができた。交流する中で,他者に伝えることで,自分の考えに自信をもてるようになる子どももいた。全体交流に移る前に,それぞれの思考の過程を記述して残すようにした。書くことによって,自分が考えたことや感じたことを客観的に見ることになる。
　その後の全体交流で,事例は五つだと考えた子どもと事例は二つだと考えた子ども,考えがまとまらなかった子どもは,繰り返される言葉のみに注目するのではなく,書かれている順序にも注目しなければならないことを理解することができた。
　また,事例は四つだと考えた子どもにとっては,他の考えの子どもたちにどのように伝えたらいいのか,どの根拠を示せばよいのかを考えることで,自分たちの考えの手がかりとなっている知識を再確認するだけでなく,「具体的な言葉」から「これらは,」,「このように,」と,だんだんまとめられて書かれている,つまり,具体と抽象の関係という新しい知識を発見することにつながった。

(2) 自分の考えと向き合う力

　考えをもつというと,「わからない」,「考えがはっきりしない」という答えを否定する子どもがいる。今の時点では「わからない」,「はっきりしない」という答えも一つの考えである。それが,思考をめぐらせていく中で,または,人との交流の中で,考えが明確になっていくことが大切である。自分の考えをもつ段階では,「わからない」,「はっきりしない」と感じていたことが他者との対話によって,「何がわかって何がわからないのか」が明確になる。さらに,交流していく中で,「わかった」と感じる経験を獲得していく。
　交流しながら自分の考えがどのように変化していくのかを認識させるために,短い時間で「交流」活動を行い,その都度,自分の考えにどのような変化が見

られたのか実感させる時間を設定するという方法は有効である。「わからない」という選択肢も含めて立場をはっきりさせた後，同じ立場の子どもたちで集まり，意見や根拠をはっきりさせる。その後7分から10分程度の「交流」活動を行う。聞いたり話したりしたことを踏まえてもう一度自分の意見を見直す。その際，誰かの言葉を聞いて自分の考えが変わったということを宣言し，他の立場に移動することは可能である。この方法は，時間の設定が変わるだけで，ペアであっても少人数であっても有効である。重要なのは，限られた短い時間で交流し，思考の変化に気付く経験をさせることである。

こういった活動を繰り返すことで，自分の考えと向き合うことに慣れ，自分の思考の変化を記述することにも慣れていく。

(3) 聞いて理解する力，伝える力，聞き出す力

「交流」活動は，能動的な活動であってほしい。「話したいから話す」，「聞きたいから聞く」という欲求から行われる活動となることで，思考の変化を認識し，「深い学び」につながる。また，「交流」活動が双方向の活動であるために，相手に伝える力だけでなく，相手の考えを聞き出したり，聞いて理解したりする力が必要である。交流の基礎づくりともいえる，1年生後半から3年生までに身に付けさせたい能力を示す（＜1〜3年生で身に付けておきたい話し合いのスキル＞）。

ただ，これらのスキルを身に付けたとしても，自分の考えを交流しなさいという指示に，どのように話し始めたらいいのか困っている子どもは多い。「誰から話す？」といったやり取りが始まり，結局，発表形式で意見の述べ合いに終わる。「話したいから話す」，「聞きたいから聞く」という欲求から行われる能動的な「交流」活動をめざすためには，切り出し方，聞き出し方も教える必要がある。

そこで，話型を教えることも一つの方法である。交流する際に，「なんて書いた？」と切り出すように教える。相手が話し始めたら，反応しながら聞く。最後まで相手の考えを聞いた後，「どうしてそう思ったの？」と再度聞くことで，根拠を伝えるよう促す。これだけのやりとりを交流のたびに取り入れることで，

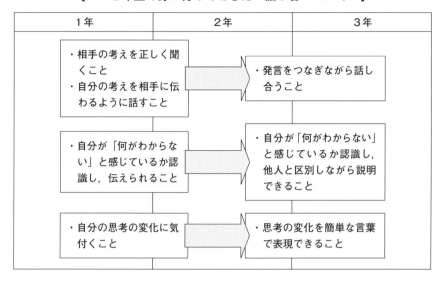

【1～3年生で身に付けておきたい話し合いのスキル】

スムーズな交流が行われるようになる。

4 おわりに

　思考の過程を認識することで生まれる「深い学び」。そのために有効な「交流」活動。ここでは，他者と話し合って行われる「交流」活動と「深い学び」の関係について述べてきた。もちろん，そこには，子どもたちが「交流したい」欲求が生まれるような学習課題や発問が提示される必要があることは言うまでもない。教材研究し，出会う子どもの実態に合わせて学習課題を設定すること，教師がその時間を十分に確保することは，最重要課題であると感じている。

　ただ，それだけでなく，子どもたちの発言や「ふりかえり」をさせた際の記述から子どもの思考の過程を教師が読み取る力をもっていることも重要だ。子どもたちは，自分の考えが変化することを意識して「交流」活動をしているわけではない。そのために，一人一人の思考に寄り添い，思考の過程を子ども自身が認識できるようにするための手立てを考えていかなければならない。

　子どもたちが，交流によって自分の考えを深めていくことに意義を感じ，楽しみながら参加する「交流」活動をめざしていきたいものである。

Keyword
- 発問
- 交流

9 発問と交流の工夫で生まれる深い学び

青森県・藤崎町立藤崎小学校　弥延浩史

1 はじめに

　今回テーマである「深い学び」。その実現のためには，「言葉による見方・考え方」を働かせ，言葉で理解したり表現したりしながら自分の思いや考えを広げ深める学習活動を設けることなどが考えられると言われている（国語WG審議の取りまとめから　下線部は筆者）。

　よく，場面ごとにぶつ切りにし登場人物の心情ばかりをなぞっていく授業や，段落ごとに書かれている内容をひたすら読みとっていくような授業が問題視されるのを耳にするが，その問題の一つとして，「自分の思いや考えを広げ深めるものになっていない」ということは間違いなく言えるだろう。

　また，平成28年度の全国学力学習状況調査では，「国語の勉強が好きですか」という質問に対し，「当てはまる・どちらかと言えば，当てはまる」という解答をした子どもは，合わせて6割に満たない。国語の勉強が大切であると考えている子どもは9割を超えているのに対して，国語の勉強が好きかと言えばそれほど……ということが見えてくる。これらのことからも，国語授業の在り方はどうあるべきかを考えていく必要性が，我々教師に突きつけられていると言えるだろう。

2 深い学びと発問

　国語授業において深い学びが成立するにはどうすればよいかを考えたとき，やはり学習が質的に高まるよう授業を創っていく（改善していく）ことが重要であろう。そして，その深い学びを実現するにあたっては，子どもたちの学び

に向かう主体的な態度が欠かせない。また，学習場面において対話的な学びがあることも，深い学びにつながる条件の一つであると考えられる。そのためには，まず子どもが目的や必要性を意識して学習に取り組めるようにしていくことが重要である。

(1) 深い学びを生む発問をどうつくるか

　子どもたち自らが学習課題を設定するということをねらいたいところではあるが，国語科は他教科と比べて，子どもが自発的に学習課題を見つけるのは難しいと言われているが，子どもたちが「学習してみたい！」，「話し合ってみたい！」と思うような学習課題を設定することはできる。特に，子どもたちが思考したくなるような場面を設定することで，深い学びへいざなうことができるだろう。そのポイントの一つは，発問である。

> この教材でこういう力を子どもたちに付けていきたいという，ゴールのところから考えて発問をつくっていく。

(2) 物語における発問づくりのイメージ

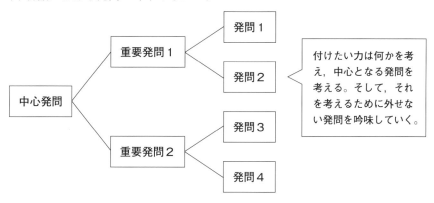

　例えば，4年生の定番教材である『ごんぎつね』で，「うなずくごんは，どんな表情だったのだろう」を中心発問にすると，そこに至るためには，ごんの兵十に対する思いの変化を押さえておく必要がある。つまり，中心発問で考え

ることに迫るために必要な重要発問がある。「ごんは、なぜいたずらばかりしていたのだろう」というように、ごんの人物像をとらえる発問や、「ごんは兵十に気付いてほしい思いがあったのか」、「引き合わないと思っているのに、なぜ明くる日もごんは兵十の家へ行ったのか」という、ごんの心情や行動についての発問がそれにあたる。これが、毎時の授業において外せない発問となっていく。

(3) 説明文における発問づくりのイメージ

説明文では、筆者が伝えようとしていることを正確に受けとる、伝えたいことの伝え方について検討する、伝えたいことに対して自分の意見や感想をもつという三つの段階が大切であるという考え方があり、私もこれに深く納得している。それを踏まえたうえで発問をつくっていくと、大きくこの三つに分けられると考える。

---

① 書かれている内容に関する問い
　「何について書かれていますか」「段落はいくつですか」等
② 説明の仕方や論理に関する問い
　「なぜこのように書かれているのでしょうか」「○段落は必要ですか」等
　・順番、具体の並べ方
③ 要旨に関する問い
　「筆者の最も伝えたいことは何ですか」「筆者の論理に対してどのくらい納得できますか」等

授業をつくっていくのであれば、③の部分から始まり、②から①へというように細かい問いのレベルに落としていくことになる（授業ではその逆をたどる）。つまり、「○段落には何が書いてありますか」というような、書かれている内容のみをくり返し問うような授業では深い学びには到底ならないのである。

例えば、4年生の『花を見つける手がかり』では結果と結論の文を分けてとらえることや、筆者の主張に気付き、論の述べ方について考えることをねらっ

た。実際の授業では,「⑮段落は,もんしろちょうのことが書いていないのでいらないのでは？」と発問した。そのことによって,書かれている情報をただ読ませるのではなく,「なぜそう書いたのだろう」と,筆者が⑮段落を書いた意図を考えさせることができた。

ある子は,学習のまとめに,「筆者は,言葉をもたないこん虫でも,実験と観察を重ねていけば生活の仕組みを探っていくことができるということを,自分たちに分かってもらうために,身近なもんしろちょうを使って説明している」と書いていた。発問によって,子どもの思考が深まったことの結果だと言える。

なお,授業においては,子ども同士が積極的に考えを伝え合っている姿があった。つまり,対話を通して交流することにより学びが深まったと言えるのではないだろうか。よって,次は深い学びを生む手だてとして,いかにして交流させるかというところについて述べていきたい。

3 │ 交流によって生まれる深い学び

公開授業などで,「○○について伝え合いましょう」という教師の指示が出され,子どもたちが話し合う姿を目にする。そして,活発に話し合っている姿を目にした参観者からは「話し合いが活発で素晴らしかったですね」とか,「子どもたちの対話する姿がよかった」というような感想が出される。

しかし,活発に話し合っていれば対話的な学びが成立したと言えるのか。否である。確かに形式的には対話していると言えるだろう。しかし,それが形式上,表面上のものだけだったとすれば,深い学びになっているとは到底言えない。対話を通して子ども同士は交流する。しかし,それが形式上,表面上のものにとどまらず深い学びを生むにはどうすればよいだろうか。

(1) 前向きに交流できる学級風土を

交流と深い学びについて考えるとき,まずは,子ども同士が交流し合える土台を築いていく必要がある。子ども同士の関係性は,交流の際に大きな影響をもたらす。「人の発言に対してしっかり耳を傾けよう」,「自分の考えたことを伝えるのは素敵なことだ」というような感覚が,当たり前のこととして学級に

根付いていることが大切である。
　よって，学級開きから一つ一つのステップをクリアしていけるようにしながら指導していく。

> 【共感しながら聞く，伝えようとする気持ちを育てる段階】
> ○相手が話していることを最後まで聞くことができる。
> ○自分の考えをていねいに話すことができる。
> 　・まずは，やろうとしていることを価値付ける。
> 　・テーマを設けてペアで話すことをショートタイムでどんどん行う
> 　　（4人組でペアを変えながら話すなどバリエーションをもたせて）。
> 　・授業でもペアでの対話を取り入れていく。

　この段階をクリアしないことには対話的な学びがある交流は難しい。4月の学級開きから積み重ねておけば，かなり早い段階でクリアできる。しかし，現状ではなかなか厳しいクラスがあるというのも事実。よって，粘り強く取り組んでいく必要がある。
　そして，次のステップへと進んでいく。

> 【対話を通して交流できる段階】
> ○誰とペアになっても考えを伝え合おうとすることができる。
> ○対話することの目的やねらいを理解し，考えを伝え合うことができる。
> 【交流を通して深い学びへつなげる段階】
> ○新たな考えに気付き，自分の考えを見直したりより深めたりする（再発見，再構築を促す）。
> ○対話を通して，互いの考えを練り上げていく。
> 　・対話の目的やねらいをはっきりさせ，深まりを図るようにする。
> 　・話題や課題などが大きく曖昧なものにならないようにする。

　交流によって深い学びが生まれるには，対話する目的やねらいをはっきりさせることが重要である。また，話題や課題を絞ることによって，よりねらいに

迫った交流をしかけていくことができる。

(2) 交流したいと思う場面をいかに設定するか

また,「なぜ,そう思ったの?」(相手の発言の根拠を問う),「○○さんが言いたいのは, ～～ということ?」(相手の意図を問い返す),「～～というところが似ているね(違うね)」(互いの考えの相違点を問う)というようなやりとりができるようになってくると,交流を通して深い学びが生まれる。

学習材へのしかけから,「交流したい!」と思う場面を設定することもできる。5年生の説明文に「まんがの方法」というものがある。まんがの面白さを生み出す表現技法が数多く紹介されている。表現方法と,その効果が分けて説明されていて,論の展開も明快なのが特徴だ。

そこで,全文をプリントした教材文(挿絵のまんがは無し)を配布して授業を行い,挿絵のまんがを文章と照らし合わせていくということを行った。書いてあることを根拠に,どのまんががどの文章に当てはまるのかをとらえていったが,1枚だけ教科書の挿絵にはないまんがを紛れ込ませておいた。

子どもたちは,口々に「この挿絵はおかしい」と言った。そこで,「ごめんごめん。違うまんがを入れていたよ。この挿絵にはまんがの方法は無いもんね」と返した。すると,「教科書に書かれていないだけで,まんがの方法はある」と子どもたちから返ってきた。そこで,「え? どこにまんがの方法があるの?」と問い返した。子どもたちは,話したくてうずうずしている。そこから「新しいまんがの方法を見つける」,「見つけたまんがの方法を筆者の論の展開の仕方に合わせて説明する文を書く」という活動へとつなげ,子どもたちは交流しながら(対話しながら)学習を進めていくことができた。

4 おわりに

ここまで,深い学びがあるような授業をどう創っていくかということについて述べてきた。発問や交流によって深い学びは生まれるが,学んだことが次の学びへ生かされてこそ本当の深い学びになるのではないだろうか。日々の国語授業をどうするか,改めて問われていると言えるだろう。

Keyword
・学習課題

10 「深い学び」は総合的で創造的な学び

学習院初等科　梅田芳樹

1 | 国語科における「深い学び」とは

　私は，今回の学習指導要領の改訂の目的を，予測困難な時代において，一人一人が自ら未来を創り出す力をつける教育の実現と考えている。「自ら未来を創り出す力」とは，新学習指導要領でいう「資質・能力の三つの柱（知識・技能）（思考力・判断力・表現力等）（学びに向かう力・人間性等）」を私なりに言い換えたものである。その目的達成のための手段の一つとして，「深い学び」があると考える。

　新しい学習指導要領の国語科の目標には，「言葉による見方・考え方を働かせ，言語活動を通して，国語で正確に理解し適切に表現する資質・能力を」「育成することを目指す」とある。この目標を実現することが，「深い学び」を達成することであると考える。

　また，総則編の解説（77ページ）で示された「深い学び」とは，各教科の「見方・考え方」を働かせながら，次のことに「向かう」ものである。
・知識を相互に関連付けてより深く理解すること
・情報を精査して考えを形成すること
・問題を見いだして解決策を考えること
・思いや考えを基に創造すること

　この四つの「深い学び」は，上から順に学習指導要領で示されている「知識及び技能」「思考力」「判断力」「表現力」に対応しているようだ。そして，どの学びも，一つの力や知識・技能で成立するものでなく，それぞれの力や知識・技能がかかわりあうことによって成立するものである。もちろんこれらの力や

知識・技能は，各教科で培われたものを総動員するものである。また，学習者が主体的であることが前提であり，対話的であることによってよりよい成果が達成できると考えられる。

以上のことから，国語科における「深い学び」を，次のようにまとめた。

○対象と言葉，言葉と言葉の関係を，言葉の意味，働き，使い方等に着目して捉え，その関係性を問い直して意味づけ，さらに，深まった学習者一人一人の思いや考えを基に創造的な活動につなげる「国語科における『見方・考え方』」を生かした学び。

○「資質・能力の三つの柱」とされる「生きて働く『知識・技能』の習得」や「未知の状況にも対応できる『思考力・判断力・表現力等』の育成」，「学びを人生や社会に生かそうとする『学びに向かう力・人間性等』の涵養」を保障する学び。

○国語の授業において，その授業までに各教科で身に付けた「資質・能力」を活用する学び。

○主体的・対話的な学びとともに成立する学び。

---

2 「深い学び」は総合的な学び

新学習指導要領では，国語科において，現在の学習指導要領の「伝統的な言語文化と国語の特質に関する事項」が「知識及び技能」の枠に移動した。また，「話すこと・聞くこと」「書くこと」「読むこと」は，見出しはそのまま残しながら，一括して「思考力，判断力，表現力等」の枠に入った。

また，「国語の特質に関する事項」は，「話すこと・聞くこと」「書くこと」「読むこと」の土台となるものである。

このことは，「国語の特質に関する事項」をもとにして，各領域の学習活動によってつく「思考力，判断力，表現力」は，各領域に個別のものではなく，各領域に関連する力ととらえるとよい。

以上のことと,「知識を相互に関連付けて」「情報を精査して」「問題を見いだして解決策を考える」「思いや考えを基に創造する」という「深い学び」の本質を考えると,「深い」という言葉ではイメージしきれない「視野の広さ」や「関連付ける力」という側面があることがわかる。知識や技能,考え方や表現力や受け止める力を総動員する学びが「深い学び」である。

　知識や技能,考え方を国語の授業で学び,それを活用し,自ら調べるなど学んだことを磨き上げていく。さらに,各教科での学びや自分の体験や経験からの学びや友人の学びを結び付け,自分の考えをもって,それを表現し実行していく。このような学びを「深い学び」というのだろう。

　「深くて広くてつながりがあり,実現に向かう学び」が,「深い学び」である。

3 │「知識及び技能」と「思考力,判断力,表現力」の関係

　各教科の新学習指導要領の「知識及び技能」と「思考力,判断力,表現力」のかかわり方に着目して,国語科がめざす「深い学び」についてさらに明らかにしたい。

　国語科と同じく言語を扱う英語は,「思考力,判断力,表現力等」のカテゴリーに「聞くこと」「読むこと」「話すこと」「話すこと〔やり取り〕」「話すこと〔発表〕」「書くこと」を言語活動として明確に位置づけている。そして,身に付けたい「思考力,判断力,表現力等」を,この言語活動を通して「知識及び技能」を活用しながら指導するように示してある。国語科では,「話すこと・聞くこと」「書くこと」「読むこと」それ自体が「思考力,判断力,表現力」として示されている点と異なる。

　社会科,算数科,家庭科,体育科は,ある領域やある「知識及び技能」に対応する「思考力,判断力,表現力等」としてまとめられている。国語科は,大きな枠で「知識及び技能」と「思考力,判断力,表現力等」を示し,内容の取扱いとして,「知識及び技能」を「思考力,判断力,表現力等」の指導の中で取り扱うように指示されている。

　理科は,領域ごとに,理解して技能を身に付けることと,追究する中で表現

することがまとめられている。ただし，何が「知識」で「思考力，判断力，表現力」なのか明確に示していない。

　生活科は，教科の目標に「技能」という言葉があるが，全体として「学びに向かう力・人間性等」の涵養に目が向けられている。

　音楽科は，「知識や技能を得たり生かしたりしながら……表現を工夫し……思いを持つ」としたうえで，「思いに合った表現にするために……技能を身に付ける」とある。これは，「知識及び技能」と「思考力，判断力，表現力等」が相互に高め合うことを示唆している。多くの教科では，「知識及び技能」から「思考力，判断力，表現力等」へという道筋が読み取れる。国語科は，この道筋が不明確である。

　この点で，図画工作科は，思考から技能という道筋であることが特徴的である。

　以上が，各教科の「知識及び技能」と「思考力，判断力，表現力等」の関係について気付いたことである。私は，次の二点が気になった。

　一つ目は，領域や分野ごとに「知識及び技能」と「思考力，判断力，表現力等」がセットになる教科が多いが，国語科は領域や分野の垣根なく全体的にとらえていることである。

　領域ごとに対応していないのは，国語科のほかには，英語と生活科である。生活科は，取り扱うものが生活そのものであり，領域を確定できないので，「内容の取扱い」で「思考力，判断力，表現力等」にかかわることをまとめて述べているのだろう。国語科と英語は，言語を取り扱う教科として，言語によって思考，判断，表現する言語の特質にかかわると考えられる。

　二つ目は，「知識及び技能」と「思考力，判断力，表現力等」の関係性や道筋が，多くの教科では明確であるが，国語科は不明確であることである。

　このことも，言語によって思考，判断，表現する言語の特質にかかわると考えられるが，英語は，「聞くこと・読むこと・やり取り・発表・書くこと」を言語活動ととらえ，「英語の特徴やきまり」を「知識及び技能」として「思考力，判断力，表現力等」を指導することを示し，道筋や関係が明確である。

　このことは，日本の小学校の英語の授業では，「話すこと・聞くこと」「書く

こと」「読むこと」を，そのまま「思考，判断」とは言えないことを示す。一方で，国語の授業では，「話すこと・聞くこと」「書くこと」「読むこと」を「思考，判断」そのものとしてとらえることになる。

　他教科では，獲得した知識や技能に対して思考や判断や表現を行ったり，思考や判断をしたうえで知識や技能を獲得したりする。国語科では，それに，思考や判断や表現の方法を獲得する学習が加わる。

　国語科において，「話すこと・聞くこと」「書くこと」「読むこと」の学習は，「思考力，判断力，表現力等」をつけるための「知識及び技能」を獲得するとともに，「思考力，判断力，表現力等」を活用したり，「思考や判断や表現」とは何か探究したりするものである。

4　「読むこと」の「深い学び」

　先日，与田凖一の『ヒロシマの傷』（学校図書6上）という詩を読む授業を6年生と行った。

　この授業の「深い学び」とは，何だったのだろうか。1時間の授業のなかで，子どもたちはいくつもの言葉を介した活動，すなわち言語活動を行っている。次の言語活動が思いつく。

① 　作品内の文字や言葉の認識や理解
② 　作品の音読
③ 　作品の視写
④ 　学習課題の発見・把握
⑤ 　ノートづくり
⑥ 　作品の解釈
⑦ 　詩の技法の学習
⑧ 　学習課題の解決
⑨ 　学習課題への取り組みについての評価
⑩ 　学習課題の解決内容についての評価
⑪ 　他者の学習課題への取り組みについての評価に対する理解と評価

⑫　他者の学習課題の解決内容についての評価に対する理解と評価
⑬　作品の評価
⑭　他者の作品の解釈や評価に対する理解と評価
⑮　授業に対する評価

　このような言語活動を行いながら，言葉を理解し適切に使う力や伝え合う力や思考力や想像力を高め，また，言葉がもつよさを認識して国語の力の向上を図る態度を養うことができれば，国語科における「深い学び」ができたことになると学習指導要領では述べていると，私は考えている。

5　自分の生活をつくっていく

　実は，『ヒロシマの傷』の授業と並行して，『フリードルとテレジンの小さな画家たち』野村路子（学校図書6上），『川とノリオ』いぬいとみこ（学校図書6上），『平和のとりでを築く』大牟田稔（光村図書6年）など，戦争と平和にかかわる教材で授業を行っていた。

　『ヒロシマの傷』の授業における子どもの関心は，戦争と平和についてこの詩は何を訴えているのかである。それが，子どもがもつ自然な学習課題である。授業を動かす発問をどうするか，私は迷っていた。「気になる言葉は何ですか」か「この詩の工夫を挙げなさい」である。言外に「主題に関わるうえで」がある。子どもの思考に沿えば，「気になる言葉は何ですか」だろう。しかし，私は「工夫」を選択した。この「工夫」が，「国語科における深い学び」の「国語科」を保障する。ただし，「深い学び」は，この詩の内容を受け止めようとする子ども自身の意欲が保障する。

　子どもたちに，文章に込められたメッセージを，自分の生活と照らし合わせながら受け止め，日々の生活に反映させてほしい。「話すこと・聞くこと」や「書くこと」の授業でも，子どもが自ら，自分の生活を見つめ創造してことに意識を向けることが大事だと思っている。

Keyword
- 深い理解
- 深い読み
- 深い解釈

11 五つの言語活動で「深い学び」の具体を創出する

青森県・八戸市立町畑小学校　大江雅之

1 「主体的・対話的で深い学び」の実現

　新学習指導要領が、「社会に開かれた教育課程」の実現に向けて、①学習指導要領等の枠組みの見直し、②「カリキュラム・マネジメント」の実現、③「主体的・対話的で深い学び」の実現の3点の方向性で示された。

　この三つの方向性のうち、目の前の子どもたちと私たち教師が相対してかかわる内容は、③「主体的・対話的で深い学び」の実現ということになる。この文言が出された当初は、具体的な授業レベルとして「主体的」と「対話的」はイメージできるのに対して、「深い学び」の具体像が見えにくいという指摘が為されていた。その「深い学び」の見えにくさは、答申によって少し改善されたようである。

　答申では、「学校教育における質の高い学びを実現し、学習内容を深く理解し、資質・能力を身に付け、生涯にわたって能動的に学び続けるようにすること」として、③「主体的・対話的で深い学び」を次のように定義している。

○**主体的な学び**
　学ぶことに興味や関心を持ち、自己のキャリア形成の方向性と関連付けながら、見通しを持って粘り強く取り組み、自己の学習活動を振り返って次につなげる

○**対話的な学び**
　子供同士の協働、教職員や地域の人との対話、先哲の考え方を手掛かりに考えること等を通じ、自己の考えを広げ深める

○**深い学び**

習得・活用・探究という学びの課程の中で，各教科等の特質に応じた「見方・考え方」を働かせながら，知識を相互に関連づけてより深く理解したり，情報を精査して考えを形成したり，問題を見いだして解決策を考えたり，思いや考えを基に創造したりすることに向かう

　これらの定義をもとにして，「主体的・対話的で深い学び」が実現できているのかが，私たち現場の授業において問われていくことになる。さらに，学習の内容（教育課程，カリキュラムマネジメント）と方法（授業改善，アクティブ・ラーニング）の両方を重視して，学びの課程を質的に高めていくことをめざしている。

2 「深い学び」の具体を創出する

　「深い学び」の見えにくさは，答申によって少し改善されたと前述したが，現場の授業レベルに落とし込むには，まだまだ具体化しにくい感がある。そこで，「深い学び」の定義の文にある各教科等の特質に応じた「見方・考え方」の国語科の項を見ていきたい。
　まず，「見方・考え方」という概念であるが，「どのような視点で物事を捉え，どのような考え方で思考していくのか」という，物事をとらえる視点や考え方のことを指している。
　国語科における「見方・考え方」は，「言葉による見方・考え方」として，答申において次のように示されている。

> 「自分の思いや考えを深めるため，対象と言葉，言葉と言葉の関係を，言葉の意味，働き，使い方等に着目して捉え，その関係性を問い直して意味付けること」

　「言葉による見方・考え方」は，各教科等を学ぶ本質的な意義の中核をなす概念となっている。また，小・中・高と継続して貫かれる視点となっている。この「言葉による見方・考え方」によって，国語科における「深い学び」が

朧気ながら見えてくる。自分の思いや考えを深めるためであることが前提となるが，言葉に特化した内容であり，国語科はやはり言葉を学ぶ教科であることが再認識される。そして，この「言葉による見方・考え方」をとらえていないと国語科の目標に辿り着くことができない。それは，目標の冒頭に「言葉による見方・考え方」が示されているからである。

第1　目標
　<u>言葉による見方・考え方</u>を働かせ，言語活動を通して，国語で正確に理解し適切に表現する資質・能力を次のとおり育成することを目指す。
（1）日常生活に必要な国語について，その特質を理解し適切に使うことができるようにする。
（2）日常生活における人との関わりの中で伝え合う力を高め，思考力や想像力を養う。
（3）言葉がもつよさを認識するとともに，言語感覚を養い，国語の大切さを自覚し，国語を尊重してその能力の向上を図る態度を養う。
　　　　　　　　　　　　　　　　　　　　　　　　　　　（下線筆者）

このように，「深い学び」を支える概念として「言葉による見方・考え方」が位置付けられていることがわかる。また，国語科の資質・能力を育成するための手立てとして念頭に置かなければならないことを示している。

「言葉による見方・考え方」と目標との関連は判然としたが，授業レベルの具体が見えにくい感は否めない。授業の具体をイメージするときは，自分の引き出しに入っている自身が行ってきた授業や，印象に残っている参観した授業であることが多い。その引き出しから，文言の意味の幅に納まるであろう授業スタイルを引っ張り出してあてはめ，納得や安心をする。引き出しに入っていない場合,「このままの授業でいいのだろうか」という思いにかられる。そして，多忙さの中で安易に授業スタイルを方針転換できる方法に傾いてしまうのではないだろうか。

そのような流れを一新し，授業の具体が見えにくい感を，逆に活かすべきだ

と考える。つまり、「深い学び」の具体は固定的な性格をもたないものであり、私たち一人一人が具体を大いに創出できるものなのである。そして、その具体は必然的に「言葉による見方・考え方」を意識したものとなる。

3 深い理解・深い読み・深い解釈

　実際に文学的な文章の「読むこと」を例に、「深い学び」の具体について述べていきたい。「読むこと」における「深い学び」とは、そのまま「深い理解」、「深い読み」、「深い解釈」の三つの「深い○○」にあてはめるとわかりやすい。「深い学び」の一つの形として、学習材を活用して三つの「深い○○」に至るために、言葉の意味、働き、使い方等、様々な角度から吟味する学びを創出し、自分の思いや考えを表現し合うのである。

　光村図書２年『ふきのとう』の実践を例に、「深い学び」を生むための、言い換えれば学習材を活用して三つの「深い○○」に至るための言語活動を紹介する。

　『ふきのとう』の第七・八場面は次のようになっている。

> はるかぜにふかれて、
> 竹やぶが、ゆれる　ゆれる　おどる。
> 雪が、とける　とける　水に　なる。
> とける、ふきのとうが、ふんばる、
> せが　のびる
> ふかれて、
> ゆれて、
> とけて、
> ふんばって、
> ――もっこり。
> ふきのとうが、かおを出しました。
> 「こんにちは。」
> もう、すっかり　はるです。

(1) 類義語に置き換えた場合の意味や感覚の違いを考え、対話する。

　第七場面のダッシュの後の「もっこり」について、「ぴょっこり」の方がふきのとうのかわいさが表れるから「ぴょっこり」にしようと投げかけた。ほとんどの児童が「もっこり」の方がいいと立場を示し、その理由について一人一

人の考えを出し合い，対話を行った。以下，児童の考えの例を示す。
- 雪がふきのとうにのっかっていて，さいごにやっと雪がとけて力をいれてかおを出したようすなので「もっこり」がいいです。
- 「ぴょっこり」だと，すぐに出てくる感じがします。ゆっくりとせがのびるので「もっこり」があっています。
- 「もっこり」のほうがふんばっています。「ぴょっこり」はかんたんに出ていてへんだからです。

　この言語活動によって，言葉のもつ語感について比較を通して自分の考えを表すことができる。

(2) 言葉がある時とない時ではどう違うか考え，対話する。

　第八場面の「もう，すっかり　はるです」の「すっかり」をとって「もう，はるです」にした方がわかりやすくていいのではないかと投げかけた。ほとんどの児童が「すっかり」があった方がよいと自分の考えを表した。以下，児童の考えの例を示す。
- 「すっかり」があると，かんぺきに春になっているということだけど，「すっかり」がないと，まだかんぺきに春になっていません。
- 「すっかり」がついていると，雪がちゃんととけるみたいだからです。
- 「すっかり」は時間がたったみたいだからです。ながい時間をかけてかわっているみたいです。

　この言語活動によって，言葉の意味や文における役割について気付かせることができる。

(3) マテリアルワードの意味を精査する。

　それぞれの文学教材には，たった一つの言葉の意味を正しく理解することによって，物語の世界の見え方が変わるような「マテリアルワード」（重要語句）が存在する。『ふきのとう』であれば，「ふんばる」が該当する。自分の考えの理由にマテリアルワードが登場し，自由に活用できるようになるよう，意味の精査をする。

(4) **主体的な動作化や具体化によって理解を深める。**

　この写真は、上記の場面を動作化したものである。それぞれが「たいよう」「はるかぜ」「竹やぶ」「雪」「水」「ふきのとう」の役になり、身体表現で特徴的な動きを表現している。異なる役同士で表現を見合い、アドバイスを加えていく。

そして、全体が一つになり「ふきのとう」だけではない、訪れた「春」の一場面を表現することができた。一つ一つの事物がつながり合い、かかわり合うことによって「春」になることを、主体的な動作化によって理解することができた。

(5) **自身の経験や思いに重ね合わせて意味付けする。**

　児童の感想の例を示す。

> 　お日さまが春風をおこしてくれて、みんながやさしく協力しているなと思いました。ふきのとうがかおをだせてよかったです。7ばめんがふきのとうのゆめがかなったみたいでした。じぶんのゆめがかなったときみたいでした。

　自身の経験や思いに重ね合わせると、深い読みにつながる意味付けを表現することができる。

　「言葉による見方・考え方」を意識した上記の五つの言語活動を組み込むことによって、「深い理解」「深い読み」「深い解釈」に至るようにする。それは結果的に「深い学び」をめざした学習過程となる。

Keyword
・自力読みの学習過程

12 物語の「自力読み」の学習過程と,「深い学び」の実現

筑波大学附属小学校　二瓶弘行

1 │ 国語科の「主体的・対話的で深い学び」

　国語教師であろうと意識して三十数年,その初めの頃,途方に暮れた。物語を学習材に子どもたちに何を教えるのか。正直,私にはわからなかった。

　教師になって一年目の年,新採用教員研修の一環として授業研究会があった。当時から国語に興味をもっていた私は,椋鳩十の『大造じいさんとガン』を学習材にした授業をした。思えば,教師生活初めての公開授業。

　ハヤブサと戦う残雪を撃とうとした大造じいさんが銃を下ろす場面を扱った。作品の原文に即して,一文一文を読み,複数の発問によって,その場面の状況や大造じいさんの心情を詳しく読解させようとする授業展開だった。

　子どもたちに目をつむらせ,範読しながら,「今,みんなに見えるものは,何か」と聞いた。

　ハヤブサが一直線に舞い降り,ガンの群れが一斉に飛び立つシーンを,自作の切り絵を使って具体的にイメージさせた。

　子どもたちは私の発問課題によく応えた。発言も活発だった。なかなかの授業だったと,恥ずかしながら自己満足した覚えがある。

　授業後の協議会の最後に,指導者の校長先生が黒板に図を描いた。「教師」と「子ども」と「教材」の三つを三角形のそれぞれの角においた図だった。校長先生は,図の「子ども」と「教材」を線で結んだ。そして,こう言った。「これからの授業は,子どもが学習の中心でなければならない。教師は,教材と一生懸命向き合う子どもたちを脇から支える存在でなければならない。今日の二瓶先生の授業のような型はもう古い」

私の「大造じいさんとガン」の「古い授業」から，三十数年。
新しい学習指導要領は，これからの国語授業の方向性を示した。

> 単元など内容や時間のまとまりを見通して，その中で育む資質・能力の育成に向けて，児童の主体的・対話的で深い学びの実現を図るようにすること。その際，言葉による見方・考え方を働かせ，言語活動を通して，言葉の特徴や使い方を理解し自分の思いや考えを深める学習の充実を図ること。
> 　　　　　　　　　　　　　　　　　　　　　　　（傍線は筆者）

この国語科の「主体的・対話的で深い学びの実現」について，さらに，中教審の「審議のまとめ」を読んでみる。指導要領改訂の基盤になっているからだ。
私なりに要約・整理すると，次のような国語教室現場への提言・主張。
◎「主体的・対話的で深い学びの実現」とは，アクティブ・ラーニングの三つの視点から言語活動を充実させ，子どもたちの学びの過程の更なる質の向上を図ること。
①「主体的な学び」の視点（アクティブ・ラーニングの一つ目の視点）
○子ども自身が目的や必要性を意識して取り組める学習となるよう，学習の見通しを立てたり振り返ったりする学習場面を計画的に設けること。
②「対話的な学び」の視点（アクティブ・ラーニングの二つ目の視点）
○互いの知見や考えを広げたり，深めたり，高めたりする言語活動を計画的に設けること。
③「深い学び」の視点（アクティブ・ラーニングの三つ目の視点）
○「言葉による見方・考え方」を働かせ，言葉で理解したり表現したりしながら自分の思いを広げ深める学習活動を設けること。

学習指導要領は言う。
国語の授業において，「主体的・対話的で深い学びの実現」をめざせ。
それは，言語活動を充実させ，子どもたちの学びの過程の更なる質の向上

を図ることに他ならない。

　一つ一つの文言はよく理解できる。その方向性にも首肯できる。

　けれども、だから、どのような授業づくりを私たちは構想すればいいのか。具体的には、例えば、「大造じいさんとガン」の授業をどのように展開すればいいのか。どんな学びの姿を求めることが、「主体的・対話的で深い学び」の実現につながるのか。

　学習指導要領は、丁寧には語らない。実際に授業する私たちに委ねられる。

2　物語を「読むこと」の学習過程と「深い学び」の実現

　文科省は、新しい学習指導要領の告示から四カ月後、「解説」編を提示した。

　その国語科解説に、これからの、例えば「大造じいさんとガン」の授業を模索するとき、きわめて注目すべき重要な文言が提示された。「読むこと」領域の「指導事項」である。

　解説では、今回の学習指導要領の改訂で、「読むこと」の「学習過程を一層明確にし、各指導事項を位置付けた」と主張する。このような「読むこと」の「学習過程」を明示したことは、これまでにはなく、まさに、画期的である。

　これは、前述した「主体的・対話的で深い学びの実現」とは、アクティブ・ラーニングの三つの視点から言語活動を充実させ、子どもたちの学びの過程の更なる質の向上を図ることだという提示に直接関連してくる。

「読むこと」の学習過程
❶構造と内容の把握　　❷精査・解釈　　❸考えの形成　　❹共有

　では、この学習過程の４段階のそれぞれは、何を学ぶのか。

❶構造と内容の把握　○叙述に基づいて、文章がどのような構造になっているか、どのような内容が書かれているかを把握すること。「構造と内容の把握」とは、叙述をもとに、文章の構成や展開をとらえたり、内容を理解したりすることである。

❷**精査・解釈**　○構成や叙述などに基づいて，文章の内容や形式について，精査・解釈すること。「精査・解釈」とは，文章の内容や形式に着目して読み，目的に応じて必要な情報を見つけることや，書かれていること，あるいは書かれていないことについて，具体的に想像することなどである。
❸**考えの形成**　○文章を読んで理解したことなどに基づいて，自分の考えを形成すること。「考えの形成」とは，文章の構造と内容をとらえ，精査・解釈することを通して理解したことに基づいて，自分の既有の知識や様々な体験と結び付けて感想をもったり考えをまとめたりしていくことである。
❹**共有**　○文章を読んで感じたことや考えたことを共有し，自分の考えを広げること。「共有」とは，文章を読んで形成してきた自分の考えを表現し，互いの考えを認め合ったり，比較して違いに気付いたりすることを通して，自分の考えを広げていくことである。

　新学習指導要領が明示した「物語（文学的文章）を読むことの学習過程」は，「深い学び」の実現の上で，きわめて画期的であると，私は受け止めた。
　ただ，この学習過程の基盤となる詳しい解説がほしい。また，その具体的指導事項については，まだ弱い。教室現場に委ねるところが大きすぎる。おそらく，「大造じいさんとガン」の授業は，昨日と変わらない。
　私は，学習指導要領がキーワードの一つとする，教科独自の「見方・考え方」を育むこととも密に関連する「物語の読み方」を教えなければならないと考える。そもそも，物語を詳しく読むことの意義を子どもたちに教えずして，何の学習過程か。
「何故，今，私は，第5場面の大造じいさんの心情を読み取ろうとしているのか」
「どうして，残雪の行動の意味を仲間と話し合う必要があるのか」

3 物語の「自力読み」の学習過程と「深い学び」の実現

　優れた物語は，初読のたった一度の読みでも，読者である私たちに感想をもたせてくれる。けれども，その物語を繰り返し読むことによって，その受け取

る感想が確かに変わる。

　一回きりの読書では，まだ読めていない言葉がある。まだつかめていない言葉と言葉のつながりがある。そのつながりを押さえることなくして読めない，きわめて重く深い言葉がある。その言葉が見えたとき，それまで見えなかった人物の心情が読める。場面の情景が読める。物語全体を通して描かれている大きな変容がはっきりとわかる。

　そして，そのとき，その物語作品は，読者である自分に何かを強く語りかけてくる。それは，初読でもつことのできた感想を遥かに超えるものだ。それこそが「作品の心」。教室での授業で，詳しく言葉を読むのだ。言葉と言葉のつながりを，言葉の隠された重さを読み取るのだ。そうすることによって，物語から受け取る感想が確かに変わる。

　では，どのように「繰り返し詳しく」読めばいいのか。はじめの場面から順番に，場面ごとに人物の気持ちを読み取っていけばいいのか。場面の様子を想像していけばいいのか。何度も何度もスラスラと読めるようになるまで音読を繰り返せばいいのか。

　その方法として，私の「自力読み」が提案するのは，「大きな三つの問い」をもって読み返すこと。

　小学校国語教室で子どもたちが出合う物語は，様々な出来事を通して「変容」を描く。そして，その「変容」を読み取ることこそが，物語の読みの中心で

> 物語の「大きな三つの問い」
> ❶最も大きく変わったことは，何か。
> ❷それは，どのように変わったか。
> ❸それは，どうして変わったか。

あり，読者である子どもたちそれぞれが自分の「作品の心」（その物語が読者である自分に最も強く語りかけてくること）を受け取ることの基盤である。

　子どもたちに，「クライマックス場面」（山場）こそ，物語において最も重要な中心場面であると説いてきた。それは，この「クライマックス場面」が，「物語全体を通して，あること（多くは，中心人物の「心」）が，最も大きく変わるところ」，すなわち，変容が最も明確に描かれる場面だからだ。

「自力読み」の学習過程を踏まえて，出来事の大きな流れをとらえ，全体構成を検討して「クライマックス場面」を押さえてきた子どもたちは，ここで「大きな三つの問い」を自然にもつ。

> 　クライマックス場面はやはりこの場面だ。確かに，何かが大きく変わっている。この「何か」はおおよそは見えている。
> 　けれども，その「何か」をもう一度詳しく作品全体を読み返すことにより明らかにしよう。関連して，その物語全体を通して最も大きく変わった「何か」は，どのように変わったのかについて，クライマックス場面を中心に自分の読みをもってみよう。さらには，どうして変わったのか，その変化の理由についても作品全体から検討していこう。
> 　この物語では，「何が，どのように，どうして」変わったのか？
> 　この三つの問いをもとに詳しく読み返す過程で，きっと，この物語は，少しずつ少しずつ自分に強く語りかけてくるだろう。その強く語りかけてくるものこそが「作品の心」。
> 　自分なりの言葉で受け取った「作品の心」を表現するまでには時間がかかるだろう。でも，それが楽しみだ。さあ，これから，読み返してみよう。

　この「大きな三つの問い」は，物語によって異なる問いではない。もちろん，懸命な教材研究をもとに教師が提示する発問でもない。子どもたちがつくる共通学習課題でもない。「変容」を描く，すべての物語そのもの自体がもつ，言わば，「必然の問い」である。
　この「最も大きく変わったこと」にかかわる「三つの大きな問い」についての自分の考えをもつためには，物語全体を深く読み返し，出来事の流れを明確に押さえつつ，人物の行動や心情，人物関係の変容を読み取らなければならない。
　そして，そのような読みの過程を通して，「作品の心」を自ずと受け取ることができる。

Keyword
・学習用語の 　バージョンアップ

13 子どもの思考を「深い学び」に誘う系統指導

筑波大学附属小学校　青木伸生

1　深い学びの前提として

(1) 子どもの気付きから授業をつくる

　子どもは，小学校に入る前にすでに物語の展開に関する知識を持ち合わせている。こうした研究は，認知心理学の分野において，すでに３０年以上前から行われてきた。幼児段階での読み聞かせや読書体験を通して，子どもは既有の知識をもって小学生になっている。しかし，子どもが初期の段階でもつ読みは，個々の生活経験に基づくため個別的である。子どもは文章を読みながら自分なりのこだわりをもつが，このときの子どものこだわりは，教師の設定しているゴール，つまり，この文章を読むことを通して，つけたい言葉の力とはかけ離れている場合がある。個々の読みを摺り合わせ,，教師の働きかけで焦点化して，つけたい言葉の力を付けていくことが小学校段階での読むことの授業である。子どもの学びをゴールに向けた必然的なものにするため，授業には，教師による発問や指示などの働きかけが必要である。

(2) 読みの摺り合わせに必要な学習用語

　授業において，教師は，子ども一人ひとりの学びの特性を見極め，その子がどのような学びを展開していくかを見て評価する。結果としての子ども（何か表現されたもの，つくられたもの）ではなく，そのプロセスにおけるその子の取り組み方（こだわり方）を見ることが必要である。ただしそれは，表現されるからこそ教師が評価できるものであるので，学びの過程において子どもの表現を引き出す手立ては当然必要である。

　しかも，子どもの表現があまりにも個性的であったら，その表現は他の子ど

もに伝わらない。子どもが表現し，他の子どもに伝わるためには，共通のアイテム（武器）が必要である。そのアイテムが「学習用語」である。

学習用語は，子どもの学び合いに共通の土俵をつくる。例えば，「中心人物」はだれかを考えるとき，「中心人物」とは，作品の中で大きく変わる人物であるという用語の定義を，クラス全員の子どもが共通に認識していれば話し合いが焦点化しやすい。そして，その定義に基づいて読み，定義に当てはまる人物を見つけ出し，なぜその人物が中心人物であると言えるのかを説明する。学習用語が，子どもの思考を支える土台となり，子どもの表現を洗練させ，個々の思考を摺り合わせるための，共通のアイテムとなる。

2 深い学びに誘う授業モデル

学習用語は，子どもの思考，理解のためのアイテムであり，仲間と考えを摺り合わせるために必要なものである。しかし，学習用語を身に付けることは学びにおける目的ではない。学習用語は，子どもが自分の読みをつくり，他者に表現するためのアイテムとしての役割をもつ。

よって，学習用語を身に付けることは国語学習のゴールではない。深い学びは，その後に待っているのだ。

(1) 文学的文章を例にして

2年生の物語に『きつねのおきゃくさま』（あまんきみこ）がある。子ども達は，一年生のときからいくつかの物語の学習を積み重ねているので，「物語ははじめとおわりで何かが大きく変わる」ということを認識している。それまで何気なく読んでいた物語の読み方が，すでにそれまでの学習経験によって整理されてきているといえる。

物語の中で，大きく変わるもの・ことは多様にとらえられるが，その中の代表的な一つが「中心人物」の変容だ。「中心人物」とは，作品の中でもっとも大きく変わる登場人物をさす。

2年生の子どもが『きつねのおきゃくさま』を読んだとき，はじめは中心人物を「きつね」だと読んだ。しかし，このときの読みは多分に直感的なものだ。

作品中すべての場面に登場するといった理由で考えた。

　そこで，本当にきつねが中心人物なのかを詳しく読んでいこうということになった。子ども達は，作品中で大きく変容した人物を選ぶための証拠を見つけるという「検証」の読みの活動を始めた。

　子ども自らが読むことへの目的意識をもち，問題意識をもつことが，深い学びへの第一歩である。ただ何となく読んでいる子どもと，「中心人物はだれか」という問題意識をもって読んでいる子の差は大きい。年間を通してそうした一時間一時間が積み重ねられていったらどうなることか。子どもに形づくられる「学びのフレーム」に大きな違いとなることは目に見えている。

　この授業を受けた子ども達が，3年生になって『わすれられないおくりもの』（スーザン＝バーレイ）を読んだ。

　まずは直感的に「中心人物はあなぐまだ」と言い出した。そこで「では中心人物の何が変わったのかを読んでいこう」と投げかけた。すると，子どもがはじめに考えた「あなぐま」という中心人物が変わっていった。
「もしかすると，あなぐまではないかもしれない」
「どうして？」
「だって，あなぐまは，物語の途中で死んでしまうから」
「中心人物が物語の途中でいなくなるのはおかしい」
「ほかに大きく変わった人物がいるよ」
　子ども達の考えが揺らぎ始めた。
　子ども達は，「大きく変わったのはだれだろう」という観点で作品を読み返した。そして，「大きく変わったのはもぐらだ」と言い出す子どもが増えていき，その根拠となる叙述も見つけ出した。
　中心人物を，「あなぐま」から「もぐら」へと変えていったのである。
　ところが，さらに他の考えを言い出す子どもも出てきた。
「森の動物たちはみんな変わっているのではないか」
「中心人物は一人でなければいけないの？」
　子どもは，既習を活かして，自分の読みをもつ。しかしそれはまだ感覚的，

直感的である場合が多い。読みのプロセスとしては「仮説」の段階である。その考えを検証し，より確かに納得したいと考える。

そこで検証していくと，考えと根拠にズレが生じてきた。自分の読みと他の子の読みにもズレが生じた。この「ズレの自覚」が，「詳しく読もう」という必然性につながる。

子ども達が，「中心人物はもぐらだ」と言った段階は，「中心人物」という既習の学習用語に照らして，自分の考えを外言化した，初期の段階である。

その読みを検証していく過程で，自分の解釈を見直す必要性が生まれた。教師の働きかけや，仲間とのかかわりによって，自分の読みが軌道修正されていくことになる。

さらに，仲間とのかかわりが進む中で，「中心人物」という学習用語そのものの定義の見直しにつながる考えも出てきた。それまで「中心人物は一人」と限定的に考えてきた子どもの，用語に対する認識が更新され，バージョンアップしたといえる。

こうした子ども達の反応は，とても重要である。ここに，深い学びを成立させている子どもの姿があると考える。それは，以下のように言うことのできる子どもである。

身に付けた知識・技能を絶えず更新（バージョンアップ）させながら，
自分の中でより確かに納得できる読み（解釈）を求め続ける子ども

深い学びを成立させている子どもは，「中心人物」という学習用語を固定的にとらえていない。むしろ，読むたびにバージョンアップさせていくことのできる，アイテムであると考えている。だから，子どもは学習用語を知ったというだけでは満足しない。その用語を，今読んでいる作品にどのように当てはめるか，当てはまらない場合は，どのように考えると自分の中で腑に落ちるかを考えながら読み進めようとしている。

(2) **読みの系統が深い学びに誘う**

　このような3年生での「中心人物」の学びは、4年生での『一つの花』や『ごんぎつね』の学習へとつながっていく。『一つの花』の中心人物はだれだろうか、という自分の解釈をつくる読みの活動に、それまでの学びの蓄積が活かされることになる。その結果、それまでよりも深い解釈をすることができるようになる。その結果、「中心人物とは」という学習用語のとらえがより柔軟性を増し、自分の中でより的確な解釈が可能になる。こうした読みのプロセスそのものが深い学びであるといえる。

3 深い学びと系統指導

(1) **学習材・学習用語をつなぐ**

　1年生で学んだ「登場人物」という用語は、小学校6年間ずっと使われていく。2年生になると、「中心人物」という用語を学ぶ。前述したように、3年生ではその「中心人物」の定義が更新される。

　このように、学習用語は覚えて終わりではない。その用語を駆使してより深く、より奥行きのある解釈をもつことが大切である。学習用語はあくまでもそのための道具に過ぎない。学習用語は、子どもがより多様な作品を、自分の力で解釈できるような力を支えるものとして常に更新され続ける。

　4年生で読む『白いぼうし』で学んだ「視点」という用語が、次の『一つの花』で活かされなければならないし、さらに『ごんぎつね』でもそれを使ってより深い自分の読みを創り上げることができなければならない。

　反対の流れを考えてみれば、『大造じいさんとガン』を読むためには『ごんぎつね』で「視点」がわかっていることが大事で、そのためには『一つの花』でも話題にし、『白いぼうし』で、「視点」についてふれておくことが必要になるということだ。一つ一つの学習材は、点として存在するのではなく、次の作品をより深く読むための布石として存在していることが大切である。これは一つの学年内においてもそうだし、複数の学年をまたがってもいえることだ。

(2)「用語をバージョンアップさせる」場をつくる

　日頃から生き物に興味のある子どもが、生き物について書かれた説明文を読むと、内容に興味があるから、内容にこだわって読もうとする。逆に生き物が苦手な子どもは、内容にはあまりこだわりはもたない。国語科の教師は、内容に興味をもたせながらも、書きぶりの工夫や、そこに流れる論理的なつながりの巧みさに気付かせるような授業を展開する必要がある。そのため、発問や指示、教材のしかけで、子どもの思考を活性化する。そうすると、はじめは内容にこだわりをもつことで読み始めた子どもも、次第に書きぶりや論理的なつながりにこだわりをもつようになっていく。それまで内容に興味をもてていなかった子どもは、書きぶりの工夫を出発点にして内容の面白さを感じとっていく。

　教師が、どのようなしかけ・発問・指示をすれば、子どものこだわりが教師のねらいの方に向いていくかが、深い学びの成立における授業プロセスの問題になる。

(3) 仲間と対話する場をつくる

　前述したように、子どもが問題意識や目的意識をもって、自ら読み進めるエネルギーは、「ズレ」を増幅させる。特に、仲間との読みのズレは、「もう一度読んでみよう」「本当にそうなっているか確かめよう」という、確認、検証のための読みの活動につながる。子ども達のお互いの表現なくして、ズレの認識はない。仲間と学び合い、読み合えるからこそ、ズレが認識され、その解消のためにより深く読もうとする。仲間との学び合いの場、対話の場を設定し、それを有効に活用することで、子ども達の学びは深まっていくといえる。

Keyword

・関連づけ
・単元化
・学習課題

14 〈読み方〉の系統性を意識した単元構想

筑波大学附属小学校　青山由紀

1　単元同士をつなぐカリキュラムづくり

　「主体的・対話的で深い学び」における読みの授業を次のようにとらえている。目の前の教材をそれまでに獲得してきた力を使って自分なりに読んでみる。このとき、既習の知識や技能だけではうまくいかないところが生じる。そこで新たな読み方を学ぶ。さらに、新たに学んだ「読み方」を使って読書したとき、それまでとは違う読みを自身で認識する。あるいは、書くことに生かす場を設定することで、書くために読み直す。すると、読み味わうときとは違う構成や表現の特徴に気付く。こうして得た読み方を、次の教材や他の文章を読むときにも関連づける。

　このようなスパイラルな学びを保証するカリキュラムが求められているという点では、これまでと同様である。違うところは、より一層系統性が意識されているということである。

2　〈読みの要素〉と〈読み方〉の系統

　文学の学習の最終的な目標は、自力で作品を読み、自分なりに作品のテーマ（主題）をとらえ、見方や考え方を広げたり、豊かな人間性を培うものである。

　これまで、本校国語部で〈読みの力・読みの要素〉や学習用語については系統を明らかにしてきた。しかし、それだけでは子どもが作品を自力で読めるようにはならない。自力で読むためには、〈読みの要素〉に加え、どの叙述に立ち止まって読めばよいのかといった「目のつけどころ」を子ども自身が理解し、身に付ける必要がある。それを〈読み方〉と呼ぶ。〈読み方〉まで落とすことで、

	読みの要素（学習用語を含む）	特徴的な読み方	教材名
低学年	①話の筋をとらえる ・登場人物（中心人物や対人物などの役割，人物像など） ・時の設定（年，月，季節，時間など） ・場の設定（場所，場面） ・事件，出来事 ・結末	○「読み」の基本要素をとらえる ○［くり返し］に着目する読み方 （盛り上げる効果・最後を強調する効果）	「はなのみち」（1上） 「大きなかぶ」（1上） 「くじらぐも」（1下） 「ずうっと，ずっと，大すきだよ」（1下） 「だってだってのおばあさん」（1下） 「もうすぐ雨に」（3上） 「スイミー」（2上）
	②物語構造をとらえる 　（導入，展開，山場，終末） 　（前話・話の設定，出来事の始まり，山場，結末・後話） ※ファンタジー構造 ③変容をとらえる 　（何が・どのように・何によって変わったか）	○［対比的な場面・表現］に着目する読み方 ○［変容］から主題に迫る読み方	「わたしはおねえさん」（2下） 「お手紙」（2下） →「ちいちゃんのかげおくり」（3下） →「やまなし」（6年）
中学年	④語り手を理解する ⑤視点をとらえる 　視点人物をとらえる 　（限定視点・客観視点・全知視点）	○前話や後話の役割，意味 ○［かぎとなるもの］に着目する読み方 ・役割や変容 ・「詳しいのにはわけがある」読み方 ・象徴的な題名の意味	「スーホの白い馬」（2下） 「三年とうげ」（3下） 「一つの花」（4上） →「大造じいさんとガン」（5年） 「一つの花」（4上） 「初雪のふる日」（4下） →「わらぐつの中の神様」（5年） ・「やまなし」等（6年）
高学年	⑥技法とその効果をとらえる 　（比喩などの表現技法，伏線などの構造上の技法） ⑦変わらないものをとらえる ⑧主題（作品のテーマ）をとらえる 　（人物の変容，構造，視点，表現，題名の意味するもの等，根拠を明らかにして表現する）	○［伏線をつなげて読む］読み方 ○［視点の転換］から筆者の意図に迫る読み方 ○［変わらないもの］から主題に迫る読み方	「白いぼうし」（4上） 「プラタナスの木」（4下） 「初雪のふる日」（4下） 「ごんぎつね」（4下） 「大造じいさんとガン」（5年） 「大造じいさんとガン」（5年） 「わらぐつの中の神様」（5年） 「海の命」（6年）　など

他の作品も読めるようになる。

例えば、ファンタジー教材でなければファンタジーの構造を学ばせることはできない。このように、殊に文学教材は教材特性と〈読みの要素〉や〈読み方〉とが密接にかかわる。そこで、発達段階毎にまとめたものを先に示した。

3 関連づけを意識した単元化

2年生の単元「2部2年のがまくん・かえるくんシリーズ本を作ろう」を例に論を進める。本単元は、「お手紙」を中心教材として、単元終末には物語の創作を設定した【読むこと】と【書くこと】と読書も構想に入れた複合単元である。

◆単元の目標
・シリーズ本を重ね読みすることを通して人物像をとらえ、人柄を表す語彙を増やす。
・物語の基本的な〈読み方〉(登場人物・時・場・出来事・結末、構成)を理解し、人物の変容を読み取る。
・物語の〈読み方〉を活用し、シリーズ本の中の一作を創作する。
・創作本を互いに読み合い、工夫したところを見つける。

◆単元の流れ
第1次　「ふたりシリーズ」の読み聞かせを聞き、がまくん・かえるくんの人物像をキャラクターシートに書き込む。
第2次　「お手紙」を読む。
第3次　プロットをたてて物語を**創作する**。
　　　　書き上げた絵本を読み合い、**交流する**。

【関連づけ①】「繰り返し」に着目する〈読み方〉(1年生での学び)

1年生の教材や低学年向きの作品には、「繰り返し」を伴うものが多い。昔話などはその典型である。会話、場面(出来事)、はやし言葉や歌、オノマトペ、言葉の繰り返しなど、様々なタイプに分けられる。また、「繰り返し」の効果として、「登場人物を増やしたり大きくしたりしながら話を盛り上げる。そし

て最後だけ異ならせることによって結末を強調する」「読者が先を予想することができるため，読者をひきつける」ことなどがある。

第1次の読み聞かせで，繰り返しのある話を聞く際に，これらの効果を十分に意識している姿が見られた。そこで〈繰り返し構造〉を第3次の創作にも活用させることとした。

【関連づけ②】 話の筋を理解する〈読み方〉

話の筋を理解するには，次の五つの要素について読み取ることが必要である。
①登場人物（役割・人物像など） ②時の設定（いつ） ③場の設定（どこ）
④出来事（どんなことが起きたか）⑤結末（最後はどうなったか）

「お手紙」を全文通読するとすぐに，子ども達は五つの要素について確かめ始めた。そこで，課題に直面した。登場人物は，がまくん，かえるくん，かたつむりくんだが，「中心人物がだれか分からない」と言うのである。

〈つかみの課題〉 「お手紙」の中心人物はだれか？

【関連づけ③】 中心人物を特定する条件

はじめは全員が「がまくんが中心人物だ」と感覚的に答えた。「中心人物は，はじめと終わりで大きく変わった人物だった」と既習事項を想起し，テキストを読み返しながら理由を考える。ここで，3名が「かえるくん」に変わった。さらに，「中心人物は一人じゃないとダメ？ ふたりともだと思うんだけど。証拠も（叙述に）あるよ」と言う子どもも現れた。すると，「前に勉強した『あいうえおのき』はたくさんの文字たちが中心人物だったでしょ。だから中心人物は一人とは限らない」と，ここでも既習経験と関連づける姿が見られた。

ノートに，大きく変わった人物とその理由を書かせた後，理由を表させた。

「がまくん」の理由

・お手紙を一度ももらったことがない → お手紙をもらうことができた
・かなしい → とてもよろこんだ
・とてもふしあわせな気持ち → とてもしあわせな気持ち

「かえるくん」の理由
・ふつう　→　とてもふしあわせな気持ち　→　とてもしあわせな気持ち
・途中も「お手紙を書こう」と思いついたり，気持ちの変化がある
・がまくんは受け身だけなのに対し，かえるくんは自ら働きかけている。

「ふたりとも」の理由
・ふたりともかなしい気分で，げんかんの前にこしを下ろしていました。
→ふたりとも，とてもしあわせな気もちで，そこにすわっていました。

　「中心人物はだれか」というのは，言わば〈つかみの課題〉である。〈本質的な課題〉に導くための出発点であるため，だれもが自分の意見をもつことができ，しかも意見が分かれる課題である必要がある。意見が異なるからこそ，理由となるそれぞれの変容を説明しなければならない。ここでも，本当のねらいは変容をとらえさせることである。はじめは中心人物を特定することが課題であったのが，学びの過程で「それぞれの変容を確かめよう」と変化する。

【新たな〈読み方〉を学ぶ】　対比的な場面を比較して変容に迫る
　はじめとおわりにお手紙を待つ様子が対比的に描かれており，二つの場面を比べることでがまくんとかえるくんの変容を読み取る。対比的な挿絵もあることから，子ども達は自然と二つを比べて変容をとらえていたが，「対比的に描かれた事柄や叙述に着目すると変容がわかる」という〈読み方〉」を押さえた。これは，３年生の「ちいちゃんのかげおくり」へとつながる。他の場面でも，関連づけることができるように，**一般化**した言葉でまとめることが肝要である。
　対比的な場面と「ふたりとも……」という叙述から，クラス全体が「ふたりとも変わった」という考えに落ち着き始めた。そこで，次の課題を提示した。

〈本質的な課題〉がまくんとかえるくんの「悲しい気分」の中身は同じか。

　一瞬子ども達は止まった。そのままじっと考える子ども。テキストを読み返す子ども。しばらくして，「『いちどもかい』って尋ねているかえるくんは，お手紙をもらったことがあるんだ」「それなのに自分はがまくんにお手紙を出し

たことがなくて、こんなにつらい思いをさせていたなんてと、悲しくなっちゃったんだ」など、「ふたりともかなしい気分」という叙述を指摘しただけで「読めたつもり・わかったつもり」になっていた子ども達の読みが変わり始めた。

この後、「がまくんとかえるくんの『しあわせな気もち』の中身」についても検討した。「お手紙を待っているがまくんは、すでにお手紙がくることがわかっていて、それも誰からのお手紙なのか、書かれている内容までもわかっているのに『しあわせ』なのは、なぜだろう」という〈本質的な課題〉から、2年生なりに作品のテーマに迫っていった。

【関連づけ④】　既習の物語構成から選択してシリーズ本を創作する

「スイミー」で学習した〈事件型構造〉、あるいは1年生で学習した〈繰り返し構造〉から書きたい構成のタイプを選択させた。両者のプロットを手引きとして示し、プロットを作らせた後にがまくん・かえるくんの物語を創作させた。

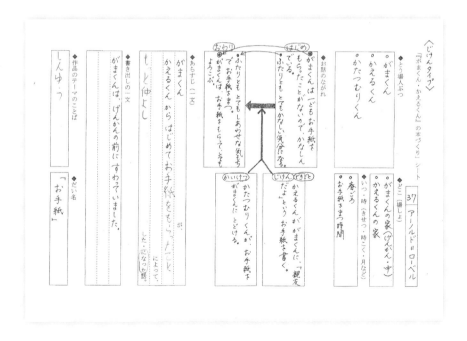

Keyword
- 文学の深い学び
- 国語授業のファシリテーション力
- 〈マイナス・プラス読み〉

15 文学の深い学びを支える国語授業のファシリテーション力
—〈マイナス・プラス読み〉で物語文を読む—

筑波大学附属小学校　桂　聖

1 文学授業でめざす深い学び

　溝上慎一（2017）は，「深い学び(deep learning)」に関して，マルトンの「学習への深いアプローチ」や，マクタイらの「理解の6側面」をふまえて，「いずれにも共通するのは，知識が単独で棒暗記のように記憶されることではなく（これが「浅い学び（surface learning)」の定義である），様々な知識や経験，考えとの関係の中に構造化されることにある」としている。しかも，その学びの過程は，「学びの認知プロセス」として，「思考力や判断力に関わる資質・能力を育成する原資となる」とする。

　また，中央教育審議会（2016）の答申では，深い学びについて「習得・活用・探究という学びの過程の中で，各教科等の特質に応じた『見方・考え方』を働かせながら，知識を相互に関連付けてより深く理解したり，情報を精査して考えを形成したり，問題を見いだして解決策を考えたり，思いや考えを基に創造したりすることに向かう『深い学び』が実現できているか」という観点を示している。

　こうしたことをふまえて，私は「文学授業でめざす深い学び」とは「文学に関する論理的な読み方を働かせたり，自分の知識・経験を関連づけたりして，文学作品を深く理解する学びのプロセス」だと考える。

　つまり，文学の深い学びには「文学における論理的な読み方の発見・活用」「自分の知識・経験の関連づけ」「文学作品を深く理解する学びのプロセスの促進」が重要になる。

2 国語授業のファシリテーション力

　ファシリテーション（facilitation）とは，「集団による知的相互作用を促進する働き」である。Facilitate には，「物事をやりやすくする，容易にする，促進する，助長する」という意味がある。問題解決，アイデア創造，合意形成など，集団における知識創造活動を促進していく働きがある。

　新学習指導要領においては「主体的・対話的で深い学び」の実現が叫ばれている。まさに，こうした学び合いを支える教師の役割こそが，「国語授業のファシリテーション力」だと言えよう。

　私は，このファシリテーション力として，次の5つのスキルを想定している。

①授業のストーリーづくりのスキル
②教室の空気づくりのスキル
③多様な意見を拡散的に引き出すスキル
④異なる意見を収束的に整理するスキル
⑤アセスメントと対応の即時的なスキル

つまり，文学の深い学びにおいては「文学における論理的な読み方の発見・活用」や「自分の知識・経験の関連づけ」「文学作品を深く理解する学びのプロセスの促進」を支える5つのファシリテーション・スキルが欠かせない。

3 〈マイナス・プラス読み〉で物語文を読む

　「お話って，ほとんどが，マイナスからプラスだよね」。私のクラスの子どもが，1年生の時に話していた言葉である。1年生の時には，ほとんど毎日，読み聞かせをしていた。その中で，子どもは，物語文では登場人物がマイナスの気持ちからプラスの気持ちに変わることが多いことに気付き始めていた。〈マイナス・プラス読み〉とは，文学作品を「マイナス」と「プラス」で解釈する読み方である。教師が教えたのではなくて，子ども同士の読みの交流の中で生まれた「読みのツール」である。

　この〈マイナス・プラス読み〉は，実に汎用性が高い。

　例えば，「お手紙」（アーノルド・ローベル）では，がまくんは「〈悲しい気分〉

から〈幸せな気持ち〉」になる。「マイナス→プラス」が，直接的な心情表現で描かれている。

　２年「スイミー」（レオ・レオニ）も，〈まぐろは，赤い魚たちを飲み込んだ〉ことでマイナスの気持ちになっていたスイミーが，〈おもしろいもの〉を見たり，〈赤い魚の兄弟たち〉と協力して，〈大きな魚をおい出し〉てプラスの気持ちになるという話である。比喩表現や行動描写に着目しながら，スイミーの「マイナス→プラス」の心情変化を読むことが大切である。

　３年「もうすぐ雨に」（朽木祥）では，「マイナス・プラス」の判断が，やや難しくなる。中心人物〈ぼく〉の心情は，そう単純ではない。だが，〈動物の言葉が，わかればいいのになあ〉と〈トラノスケがなんて言いたいのか，ぼくには，ようく，わかったよ〉という表現に着目すれば，「わからない（マイナス）→わかる（プラス）」という変化がわかる。

　さらに，この〈マイナス・プラス読み〉は，低学年・中学年だけではなくて，高学年の読みにも活用できるものである。

　例えば「大造じいさんとガン」では，はじめは残雪に対して〈たかが鳥〉のようにマイナスの見方だった大造じいさんが，終わりでは〈いかにも頭領らしい〉のようにプラスの見方に変化する。残雪が仲間のガンを命がけで助け，大造じいさんが近寄っていっても，首をぐっとあげて全然逃げないからである。

　高学年の物語文の読みにおいても，〈マイナス・プラス読み〉によって，中心人物の心情や見方に着目することによって，作品の主題に迫る手がかりを得ることができる。

　言語表現だけで心情変化を考えるのではなくて，論理的な読み方の一つである〈マイナス・プラス読み〉をすることによって，様々な物語文に関して，より深く解釈したり，より構造的に理解したり，より統一的にとらえたり，より他者との共有を可能にしたりすることができる。

　〈マイナス・プラス読み〉は，文学の深い学びを実現するための効果的な読みのツールなのである。

4 「スーホの白い馬」における深い学びの実際

(1) 本教材における〈マイナス・プラス読み〉

2年「スーホの白い馬」(大塚勇三)は,「プラス→マイナス」の物語文である。中心人物〈スーホ〉は,幼い白馬を拾って,白馬と兄弟のようになり,王様が主催した競馬でも一位をとる。だが,わがままな王様の仕業で,白馬が殺されることになる。スーホのプラスの心情がマイナスの心情に変化することが容易に想像できる。

ただし,白馬の骨や皮を使って馬頭琴を作ったことは,子どもは,どのように意味づけるのだろうか。次に紹介するのは,「プラス→マイナス」の全体構造をとらえたうえで,こうした結末の意味について解釈した授業実践である。

(2) 授業の実際

授業の前半では,次の8枚のセンテンスカードを使って,「作品のいいところ」について意見交換をした(カードには,挿絵も付いている)。

①むかし,モンゴルの草原に,スーホという,まずしいひつじかいの少年がいました。年とったおばあさんとふたりきりでくらしていました。
②スーホ「帰るとちゅうで,子馬を見つけたんだ。」
③スーホ「これから先,どんなときでも,ぼくはおまえといっしょだよ。」
④なかま「ぜひ,白馬にのって,けい馬に出てごらん。」
　先頭を走っていくのは,白馬です。スーホののった白馬です。
⑤とのさま「ぎんかを三まいくれてやる。その白い馬をここにおいて,さっさと帰れ。」
　スーホ「わたしは,けい馬に来たのです。馬を売りに来たのではありません。」
⑥とのさま「つかまらないなら,弓でいころしてしまえ。」
　白馬の せには,つぎつぎに,矢がささりました。それでも,白馬は走りつづけました。
⑦スーホ「白馬,ぼくの白馬,しなないでおくれ。」

> つぎの日，白馬は，しんでしまいました。かなしさとくやしさで，スーホは，いくばんもねむれませんでした。
> ⑧白馬「わたしの ほねやかわや，すじや毛をつかって，がっきを作ってください。そうすれば，わたしは，いつまでもあなたのそばにいられますから。」
> スーホは，どこへ行くときも，この馬頭琴をもっていきました。

「作品のいいところ」を話し合う中で，「プラス（③，④）から，マイナス（⑦）の話だ」の作品構造について確認した。

また，「⑧は，マイプラだ」と話す子もいたので，

> （T）マイプラって何？

と，その子や他の子に問いかけた。すると，次のような意見が出た。

> （C１）死んじゃってさ，悲しかったのはあるけど，馬頭琴を作って，〈そばにいるような気がしました〉って書いてある。それで少しプラスだからマイプラ。
> （C２）〈わたしのほねやかわや，すじや毛をつかって，がっきを作ってください〉って，作り方を教えてくれなかったら，スーホも幸せにならなかったからマイナスで，完全なマイナスで終わってしまうんだけど，最後にちょっとだけマイナスからプラスになっている。
> （C３）あの違うマイプラで，⑧では馬頭琴を作って，まあここには書いてないんだけど，みんなの一日の疲れを忘れさせてあげるのがプラスで，死んじゃったのがマイナスなんじゃないかなって思う。

また，マイプラが具体的に理解できた上で，

> （T）このスーホの気持ちわかる？ なんか似たような経験したことある？ マイナスだけど，その中に，ちょっとプラスがある。

と続けて問いかけた。すると，次のような意見が出た。

(C4) 金魚すくいに行ったことがあって，自分ですくったんだけど，その夜にすぐ死んじゃったのね。でも，お姉ちゃんのは生きていて，それはすごく嬉しかった。
(C5) 飼っていた犬が10月に死んじゃって，それで，その日の前日の夜にその夢を見た。その犬が俺のところに駆け寄ってきた夢を見て，すごく悲しかった。
(C6) ちっちゃい時に，飼っていた犬が三匹いたんだけど，それが一気に死んじゃったのね。でも，そのあとに友達の犬の間に子どもが生まれて，「誰かいる人？」って言われて，その犬をもらった。今，他のところにいるんだけど，犬が死んじゃったけど，他の犬をもらえてちょっとプラス。
(C7) 私が生まれる前に犬を飼っていたんだけど，前から病気で弱っちゃって，ちょうど誕生日の時に死んじゃった。学校から帰ったらすぐ泣いちゃった。その次の日に，私が前に飼っていた犬の写真が残っていたから，この写真を見たら近くにいるような気がして，それでプラスになった。

　作品の結末に関するマイプラの意味について自分の経験を関連づけて，中には涙ながら語る子もいた。

(3) 考察

　「作品のいいところ」についての話し合い活動をファシリテートしている。その中で，「拡散」した意見を〈マイナス・プラス読み〉という論理的な読み方で「収束」させるようにした。こうすることで，「プラス→マイナス」に関する作品構造を確認したり，結末の「マイプラ」の意味について話し合ったり自分の経験を関連づけて解釈したりすることができたと言える。

　まさに，〈マイナス・プラス読み〉に関する話し合う活動のファシリテーションによって，冒頭で取り上げた「文学における深い学び」の実現に寄与できたのではないかと考えている。

【参考文献】
中央教育審議会（2016）「幼稚園，小学校，中学校，高等学校及び特別支援学校の学習指導要領等の改善及び必要な方策等について（答申）」
溝上慎一（2016）「アクティブラーニング論から授業のユニバーサルデザインに接続して」『授業UD研究』No.03, 日本授業UD学会

Keyword
・着眼点
・問い意識
・共有

16 「主体的・対話的で深い学び」の実現に向けた三つのキーワード

筑波大学附属小学校　白坂洋一

1 はじめに

「主体的・対話的で深い学び」の実現に向けた授業改善が求められている。
私は，授業改善のキーワードとして，次の三つを挙げる。

・「着眼点」を伴う思考過程
・「問い意識」を伴う学習課題
・「共有」を伴う交流

「思考過程」「学習課題」「交流」については，これまでの授業づくりにおいても重視されてきていたことであり，特段，新しいことではない。

しかし，その思考過程，学習課題，交流は，授業の中で，果たして子どものものとなり得ていたであろうか。「何ができるようになるか」「何を学ぶか」「どのように学ぶか」がこれから重視される中，子どもの側に立った授業改善の視点は必要だと考える。

そこで，思考過程，学習課題，交流において，要素が必要だと考える。それが，「着眼点」「問い意識」「共有」である。

本稿では，新学習指導要領の方向性として何が示されているかをとらえるとともに，授業改善として挙げた三つの要素の具体について，実践も交えながら考察したい。

2 国語科を学ぶ本質的な核とは？ 〜新学習指導要領から〜

新学習指導要領「総則」第3の1（1）では，「主体的・対話的で深い学び」の実現に向けた授業改善の必要性を次のように述べている。

16 「主体的・対話的で深い学び」の実現に向けた三つのキーワード

> 特に，各教科等において身に付けた知識及び技能を活用したり，思考力，判断力，表現力等や学びに向かう力，人間性等を発揮させたりして，学習の対象となる物事を捉え思考することにより，各教科等の特質に応じた物事を捉える視点や考え方（以下「見方・考え方」という。）が鍛えられていくことに留意し，児童が<u>各教科等の特質に応じた見方・考え方を働かせ</u>ながら，<u>知識を相互に関連付けてより深く理解したり</u>，<u>情報を精査して考えを形成したり</u>，<u>問題を見いだして解決策を考えたり</u>，<u>思いや考えを基に創造したりすることに向かう過程を重視した学習の充実を図ること</u>。（下線部は筆者が加筆）

「各教科等の特質に応じた見方・考え方」とある。国語科においては，どのような見方・考え方を指すのだろうか。また，「主体的・対話的で深い学び」の実現のために，国語科における核は何であろうか。どのように授業を改善することで実現できるのだろうか。

「総則」の趣旨を受けて「国語科」の目標は次のようになっている。

> <u>言葉による見方・考え方</u>を働かせ，言語活動を通して，<u>国語で正確に理解し適切に表現する</u>資質・能力を次のとおり育成することを目指す。
> （1）<u>日常生活に必要な国語について，その特質を理解し適切に使う</u>ことができるようにする。
> （2）<u>日常生活における人との関わりの中で伝え合う力を高め，思考力や想像力を養う</u>。
> （3）<u>言葉がもつよさを認識する</u>とともに，言語感覚を養い，国語の大切さを自覚し，国語を尊重してその<u>能力の向上を図る態度</u>を養う。

下線部に着目してみると，国語科における資質・能力は，「国語で正確に理解し適切に表現する」ことであることがわかる。また，その資質・能力をはぐくむために，子どもが「言葉による見方・考え方」を働かせることが必要であること，さらには，教科・領域の範囲だけで活用されるだけでなく，日常生活にまでも生かされるようにすることが示されている。

「深い学び」の実現のためには，この「言葉による見方・考え方」を働かせることが重要になると解釈できる。これこそが国語科を学ぶ本質的な核となり，学習内容と日常生活をつなぐものだといえる。

では，国語科における本質的な核，「言葉による見方・考え方」とは何か。私は，それこそがキーワードの一つ目に挙げている，「着眼点」だと考えている。

今回の改訂において新設された〔知識・技能〕（２）「話や文章に含まれている情報の扱い方の事項」に着目してみる。（下線部は筆者が加筆）

第１学年及び第２学年
　ア　<u>共通，相違，事柄の順序</u>など情報と情報との関係について理解すること。
第３学年及び第４学年
　ア　<u>考えとそれを支える理由や事例，全体と中心</u>など情報と情報との関係について理解すること。
　イ　<u>比較や分類の仕方，必要な語句などの書き留め方，引用の仕方や出典の示し方</u>，辞書や事典の使い方を理解し使うこと。
第５学年及び第６学年
　ア　<u>原因と結果</u>など情報と情報との関係について理解すること。
　イ　<u>情報と情報との関係付けの仕方，図などによる語句と語句との関係の表し方</u>を理解し使うこと。

これは「総則」第３の１（１）を受けた，思考と方法の具体であるといえる。「正確に理解し，適切に表現する」ために，どこに着眼して，情報を関係づけたり，整理したりするか，その思考と方法がここで示されているといえる。

新学習指導要領から「深い学び」の実現のために，「言葉による見方・考え方」を働かせることが重要となることがわかった。そのために教材のどこに目をつけるかという「着眼点」は欠かせないと，私は考える。

次の項では，授業改善の視点について，「読むこと」を中心に取り上げ，考察したい。

3 授業改善の視点とは？〜「着眼点」「問い意識」「共有」〜

「主体的・対話的で深い学び」の実現に向けた授業改善のキーワードとして，私は，次の三つを挙げた。

・「着眼点」を伴う思考過程
・「問い意識」を伴う学習課題
・「共有」を伴う交流

ここではそれぞれの要素について，授業レベルで考えてみたい。これら三つの要素は，それぞれを単独で作用させるわけでなく，相互に補完し合いながら作用させることで，「主体的・対話的で深い学び」は実現すると考えている。

(1) 着眼点

子どもたちの読みにズレや対立が起こることで，他者との対話，交流の必然性は生まれる。教材のどこに着眼し，読みを焦点化するかについては，教師のかかわりが大きい。対話，交流を通して整理され，共有された文脈の中にこそ，論理が埋め込まれている。

そこで教材の論理に着眼されるような手立てを教師が示すことこそが授業の展開にかかわってくる。そして学習活動を通して，何が見えるようになり，何を学んだかについて，子どもたちが教材内容と教科内容を意味づけ，関係づけることこそが深い学びにつながると考える。

物語を例に挙げて考えてみる。これまで物語の授業は，教材間に関連性や発展性がなく，どの学年でも同じような学習課題が繰り返されていた。それは内容，活動ベースの授業づくりだったといえる。だからこそ，共通の土台として，物語のどこを読むかという「着眼点」は外せない。焦点化するのである。

物語の読みは，たった一つの正解だけを導き出すものとはいえないといえる。読みは本文という根拠をもとにした推論であり，一つの仮説にすぎない。そう考えると，物語はイメージや感覚でなく，科学的かつ論理的に読むことを通してこそ，新たな解釈を生み出すことができるといえる。つまり，着眼点の広がりによって生まれた新たな解釈によって，自分の読み（解釈）は常に，アップ

デートされていくのである。

　ここで「ごんぎつね」(教科書全社：4年)を取り上げる。「兵十はごんのことを誰かに話したか」を話題とし、自分の考えを発表させることを通して、問い意識を高める。

　すると、この問いかけに着目できるのが、書き出しの一文である。「これは、わたしが小さいときに、村の茂平というおじいさんから聞いたお話です」の一文から、語り手「わたし」によって物語られていること、ごんぎつねが語り継がれてきた伝承の物語であるという「語りの構造」に着眼点を置くことができる。

(2)「問い意識」

　授業づくりという点から見れば、イメージや感覚、内容にのみ着眼し、展開される授業だけでは、子どもたちは読む楽しさを味わうことができないといえる。イメージや感覚、内容だけにとどまらず、教材の論理性に着眼する。内容と論理を結びつけて考える授業を展開することを通して、子どもたちが読む楽しさを味わうことができるようにしていきたい。

　ここでは説明文を例に挙げて考える。教材は、「すがたをかえる大豆」(光村図書：3年下)である。

　実践における中心課題は、「中」の部分に書かれた事例の順序性をとらえることと、「手をくわえておいしく食べるくふう」(具体)と「昔の人々のちえ」(抽象)との関係を考えることである。そのためには、文章全体を概観した上で、どの大豆の工夫が一番すごいかを観点に評価する読みを通して、段落相互のつながりをとらえるようにする。ここで文章を評価することで、それぞれの評価に「ずれ」が生じ、子どもたちの問い意識を高めるようにする。

　「問い意識」を高める具体的な手立てとして、イメージや内容を「問う」ことを出発点として、文章を評価することを発問づくりのポイントとする。具体的な発問として、「どの大豆の工夫が一番すごいか」「仲間はずれの事例はどれかな」など、説明内容を話題とした問いを出発点とする。

(3) 共有

　授業の具体で考えたとき、子どもたちの問い意識や着眼点は個々のものであ

る。学級集団で思考することによって，どう整理し，共有していくかが，大切な視点となる。その上で，子どもたちの読みを焦点化し，教材の論理に目が向くように方向づけることは，容易なことではない。

　先に挙げた説明文教材「すがたをかえる大豆」（光村図書：3年下）で考える。

　実践では，「どの大豆の工夫が一番すごいか」を観点に評価することで，生じた「ずれ」を交流性の契機としていた。「ずれ」を明確にし，吟味・検証する読みを通して比較・関係づけしていくことでこそ，交流性は深みを増す。

　そこで共有のために「問い返す」のである。例えば，「〇〇くんが言ったことはどういうことだろう？」と発言をつなぐことで，子ども同士の考えを共有するという問い返しもあるだろう。また，「だったら『また』『さらに』は，『そして』と言い換えることができますか?」「でも，並び方はここが『いちばん』となっていますよ」とゆさぶることで，子どもたちが「いちばん分かりやすいのは」「次に」「また」「さらに」という，教材の論理である「事例の順序性」を問題化するように仕向けていく問い返しもある。

　二つの問い返しを使い分けることで，はじめは個々のものである子どもたちの問い意識や着眼点を学級集団で思考することを通して，整理し，共有していくのである。

4　おわりに

　「主体的・対話的で深い学び」の実現に向けた授業改善のキーワードとして，私は三つを挙げた。そして，新学習指導要領から「深い学び」の実現のためには，「言葉による見方・考え方」を働かせることが重要になることがわかった。また，見方・考え方が国語科を学ぶ本質的な核となり，学習内容と日常生活をつなぐものであるといえた。

　授業改善のキーワード，そして見方・考え方が大きく反映されるもの，これらをつなぐものは，教師と子どもとで創る，まさしく日々の「授業」である。

　「先生，〇〇って楽しいね」と子どもがつぶやきたくなるような授業づくりのために，子どもの側に立って授業を改善していこうとする質的向上の視点は必要だと考える。

執筆者一覧 ※所属は平成29年7月1日現在

Ⅰ章　奈須　正裕　　上智大学教授
　　　筑波大学附属小学校国語研究部

Ⅱ章　1　安達真理子　立教小学校
　　　2　藤田　伸一　小学校教員
　　　3　立石　泰之　福岡県・県教育センター
　　　4　野中　太一　神奈川県・相模原市立鶴園小学校
　　　5　田中　元康　高知大学教育学部附属小学校
　　　6　井上　幸信　新潟県・新潟市立万代長嶺小学校
　　　7　倉田　浩子　三重県・四日市市立大谷台小学校
　　　8　岩立　裕子　神奈川県・小田原市立曽我小学校
　　　9　弥延　浩史　青森県・藤崎町立藤崎小学校
　　　10　梅田　芳樹　学習院初等科
　　　11　大江　雅之　青森県・八戸市立町畑小学校
　　　12　二瓶　弘行　筑波大学附属小学校
　　　13　青木　伸生　筑波大学附属小学校
　　　14　青山　由紀　筑波大学附属小学校
　　　15　桂　　聖　　筑波大学附属小学校
　　　16　白坂　洋一　筑波大学附属小学校

国語授業における「深い学び」を考える
―授業者からの提案―

2017（平成29）年8月10日　初版第1刷発行
2018（平成30）年6月26日　初版第2刷発行

［編　　者］　全国国語授業研究会・
　　　　　　　筑波大学附属小学校国語研究部
［発 行 者］　錦織　圭之介
［発 行 所］　株式会社　東洋館出版社
　　　　　　　〒113-0021　東京都文京区本駒込5丁目16番7号
　　　　　　　営業部　TEL：03-3823-9206
　　　　　　　　　　　FAX：03-3823-9208
　　　　　　　編集部　TEL：03-3823-9207
　　　　　　　　　　　FAX：03-3823-9209
　　　　　　　振　替　00180-7-96823
　　　　　　　U R L　http://www.toyokan.co.jp

［編集協力］　株式会社あいげん社
　　［装丁］　山岸治（藤原印刷株式会社）
［印刷・製本］　藤原印刷株式会社

ISBN978-4-491-03388-4　Printed in Japan

JCOPY　<（社）出版者著作権管理機構　委託出版物>
本書の無断複写は著作権法上での例外を除き禁じられています。複写される場合は，そのつど事前に，（社）出版者著作権管理機構（電話03-3513-6969，FAX 03-3513-6979，e-mail：info@jcopy.or.jp）の許諾を得てください。